MARKUS SÄMMER

THE

Great Outdoors

WINTER COOKING

DK

WINTERFREUDEN

Es ist endlich wieder Winter! Die „staade Zeit" heißt er bei uns in Bayern. Sogar die Zeit scheint förmlich einzufrieren. Alles läuft langsamer, die kurzen Tage und das knappe Tageslicht lassen uns besinnlich werden, gelegentlich fühlt man sich auch müde und erschöpft.

Hey, gar kein Grund, um Trübsal zu blasen! Packt die gemütlichen, dicken Winterpullis aus, tauscht im Keller Surfboard gegen Ski und Snowboard und ab geht die Post! Gerade im Winter kurbelt Bewegung an der frischen Luft den Kreislauf an, stärkt das Immunsystem und fördert das Wohlbefinden. Etwas Sonne auf dem Gesicht beugt dem Winterblues vor und ein Tag draußen im Tiefschnee zaubert uns allen rote Backen auf und ein breites Grinsen in das Gesicht.

Für meine wintersportverrückten Freunde und auch für mich ist der Winter mitunter die schönste Jahreszeit. Und tatsächlich kann der Winter trotz des spürbaren Klimawandels die alpinen Regionen bis zu einem halben Jahr fest im Griff haben und dann die Berge unter einem Teppich aus weißem Gold bedecken. Besser, man liebt diese lange Jahreszeit also und arrangiert sich mit ihren Möglichkeiten. Viele von uns sind ihnen sogar völlig verfallen.

Wenn ihr nach einem langen Tag draußen im Schnee wieder zurück in eure Hütte oder nach Hause kommt, ist es Zeit für den gemütlichen Teil des Tages. Dicke Eisblumen wachsen auf den Fensterscheiben, ein Feuer knistert im Ofen und der Magen knurrt. Im Winter ist allein schon wegen der kürzeren Tage einfach mehr Zeit für Slow Food, für leckere und gesunde Rezepte, die auch mal mehr als zehn Minuten in der Zubereitung dauern dürfen.

Lasst euch ganz vom Winter verzaubern, wenn die Welt wieder wie mit Diamantenstaub überzogen glitzert. Genießt ihn, genießt auch die Winterküche in vollen Zügen. Manche Rezepte und Zutaten schmecken jetzt einfach am besten.

Und jetzt: auf zur nächsten Schneeballschlacht, zur nächsten Skitour und zum nächsten geselligen Hüttenabend!

Markus

DAHEIM VORBEREITET
SEITE 8 BIS 43
HÜTTEN FRÜHSTÜCK
SEITE 44 BIS 77
THERMOSKANNEN GERICHTE
SEITE 78 BIS 107
JACKENTASCHEN SNACKS
SEITE 108 BIS 131

GESUNDE ENERGIE
SEITE 132 BIS 171

LANGE WINTERABENDE
SEITE 142 BIS 217

MEHL SPEISEN
SEITE 218 BIS 241

HEISSE GETRÄNKE
SEITE 242 BIS 261

★ *Erklärung*

HIER FINDET IHR DIE ERKLÄRUNG DER KURZEN FUNKTIONS-ICONS, MIT DENEN ICH ALLE REZEPTE VERSEHEN HABE. MIT IHNEN KÖNNT IHR EUCH EINFACH UND SCHNELL IM REZEPTTEIL ORIENTIEREN UND FINDET IMMER DAS PASSENDE REZEPT ZU JEDEM ANLASS.

★ *Holzofen*

Diese Gerichte eigenen sich besonders gut zur Zubereitung in einem echten *Holzofen* auf der Hütte. Natürlich könnt ihr sie auch alle in einem herkömmlichen Backofen zubereiten.

★ *deluxe*

Einfach genießen und richtig wohlfühlen.
Mit "*deluxe*" sind Rezepte gekennzeichnet, die besonders glücklich machen!
Gönnt euch mal etwas!

★ *Weihnachten*

Für die Weihnachtsfeiertage habe ich euch ein luxuriöses Menü zusammengestellt. Folgt diesem Icon und wählt eure Favoriten aus.
Frohe *Weihnachten*!

★ *schnell*

Wenn es mal richtig *schnell* gehen soll, findet ihr hier die passenden Rezepte. Ein kurzer Boxenstop auf der Hütte, ein schneller Snack mit wenigen Zutaten. In Windeseile zaubert ihr mit diesen Rezepten etwas Leckeres.

★ *wärmt*

Wohlige *Wärme*, die von außen und von innen kommt. Gerade in der besonders kalten Jahreszeit und bei echtem Schmuddelwetter findet ihr hier immer das Passende, um euch wieder richtig gut aufzuwärmen.

★ *Energie*

Wenn ihr ausgepowert nach einem langen Tag draußen im Schnee zurückkommt oder morgen eine lange, anstrengende Tour plant, dann seid ihr hier genau richtig. *Energiereiche* und leckere Gerichte, die euch die Akkus wieder aufladen und euch topfit machen für den nächsten Powertag, findet ihr mit diesem Icon.

★ *vegetarisch*

Vollwertige und leckere *vegetarische* Gerichte findet ihr schnell mit diesem Symbol.

★ *Immunbooster*

Gebt der Schnupfennase keine Chance. Während der kalten und dunklen Jahreszeit braucht ihr richtig viele Vitamine und ein paar besondere Gewürze, um euch fit und gesund zu halten.
Wählt hier jede Woche mindestens zwei bis drei Rezepte aus, um das *Immunsystem* zu stärken.

★ *Slow Food*

Die Tage sind kurz, die perfekte Zeit für echtes *Slow Food*. Macht es euch mit einem Glas Rotwein in der Küche gemütlich! Diese Gerichte schmecken besonders gut, auch weil sie etwas mehr Zeit in der Zubereitung brauchen.

★ *Winterpicknick*

Die Sonne lacht und der Tag verspricht, ein echter Wintertraum zu werden. Also die Rucksäcke packen, die Thermoskannen füllen und mit dem Schlitten raus zu einem herrlichen *Winterpicknick*. Alles was ihr dafür braucht, findet ihr über dieses Icon. Natürlich sind sie auch besonders lecker in der Brotzeitbox auf eurer nächsten Tour.

★ *für morgen*

Einige Gerichte schmecken einfach am nächsten Tag noch besser. Oder sie schmecken besonders gut, weil sie über Nacht ruhen. Ganz entspannt am Vorabend *für morgen* vorbereiten und am nächsten Tag genießen könnt Ihr die Gerichte mit diesem Icon.

 Hier findet ihr kleine „Winter-Hacks“, also praktische und nützliche Tipps, Tricks und Know-how rund um die wunderbare Winterzeit.

DAHEIM
VORBEREITET

MANCHE GUTEN DINGE BRAUCHEN ZEIT.
NICHT IN JEDER FERIENWOHNUNG ODER HÜTTE
HAT MAN ALLE ELEKTROGERÄTE UND UTENSILIEN AM START,
DIE ZU HAUSE SELBSTVERSTÄNDLICH SIND. HIER FINDET IHR REZEPTE,
DIE IHR AM BESTEN SCHON IM HERBST ZU HAUSE VORBEREITET,
UM DANN IM WINTER DEN VOLLEN GENUSS
ZU ERNTEN.

GETROCKNETE WALDPILZE SEITE 18
AUFSTRICHE UND PASTEN SEITE 20 – 23
MAROKKANISCHE SALZZITRONEN SEITE 25
MATJES SELBST EINLEGEN SEITE 26
HAUSGEMACHTES BLAUKRAUT SEITE 29
ZUCCHINI-CHUTNEY SEITE 30
FEIGENSENF SEITE 30
ELISENLEBKUCHEN SEITE 33
PLÄTZCHENBACKMISCHUNGEN SEITE 34–37
GEWÜRZMISCHUNGEN UND SIRUPS SEITE 39
SELBST ANGESETZTE LIKÖRE SEITE 41 – 43

RUCKSACKPACKLISTE
SEITE 17

ORTOVOX
ASCENT 22 AVABAG

ORTOVOX
PRO ALU 2.7
BIVY
SINGLE
CARBON
FRILUFTS

„Rucksackpackliste"

MIT EINEM RICHTIG GEPACKTEN RUCKSACK SEID IHR IMMER GUT VORBEREITET UND SICHER UNTERWEGS FÜR JEDE ART VON WINTERSPORT. WENN IHR EINMAL ERSTE HILFE LEISTEN MÜSST, IST DIE OBERSTE DEVISE IM WINTER IMMER: VOR AUSKÜHLUNG SCHÜTZEN! NEHMT DESWEGEN IMMER GENÜGEND JACKEN, RETTUNGSDECKEN UND BIWAKSÄCKE MIT UND VERTEILT DIE EINFACH AUF EURE GRUPPE.
CHECKT HIER EURE BACKPACK-ESSENTIALS:

GRUNDAUSRÜSTUNG

Das sollte im Winter einfach immer dabei sein, egal was ihr draußen macht:

✗ Erste-Hilfe-Set ✗
✗ Rettungsdecke oder/und kleiner Biwaksack ✗
✗ Thermoskanne mit heißem Tee oder/und Trinkflasche ✗
✗ ein paar Snacks (z. B. Jackentaschen-Snacks, Seite 108–131) ✗
✗ eine warme, klein verpackbare Jacke ✗
✗ Handschuhe, Mütze oder Stirnband ✗
✗ Sonnencreme ✗
✗ kleine Stirnlampe für den Notfall (im Winter wird es schnell dunkel) ✗
✗ geladenes Mobiltelefon, vor Kälte geschützt! ✗

SKITOUR/SPLITBOARDTOUR/SCHNEESCHUHTOUR

✗ ABS-Rucksack, er kann aktiv bei einem Lawinenabgang vor der Verschüttung schützen. ✗
✗ LVS-Gerät (Lawinen-Verschütteten-Suchgerät) mit vollen Batterien (vorher checken!!) ✗
✗ Lawinenschaufel und Sonde ✗
✗ Snowcard (zur Bestimmung der Hangsteilheit und für den Risikocheck) ✗
✗ Karte des Gebietes, wo ihr unterwegs seid ✗
✗ kleines Multitool ✗
✗ Wechselkleidung (z.B. trockenes T-Shirt, schützt am Gipfel vor dem Auskühlen) ✗
✗ Brotzeit-Box, natürlich gut gefüllt. Probiert auch mal die Thermoskannengerichte (Seite 78 –107) ✗

OPTIONAL

✗ GPS-Gerät, Sam-Splint (anformbarer Spezialverband, erweitert eure Erste-Hilfe-Möglichkeiten), kleines Fernglas, Taschenmesser, faltbares Sitzkissen, große Stirnlampe ✗

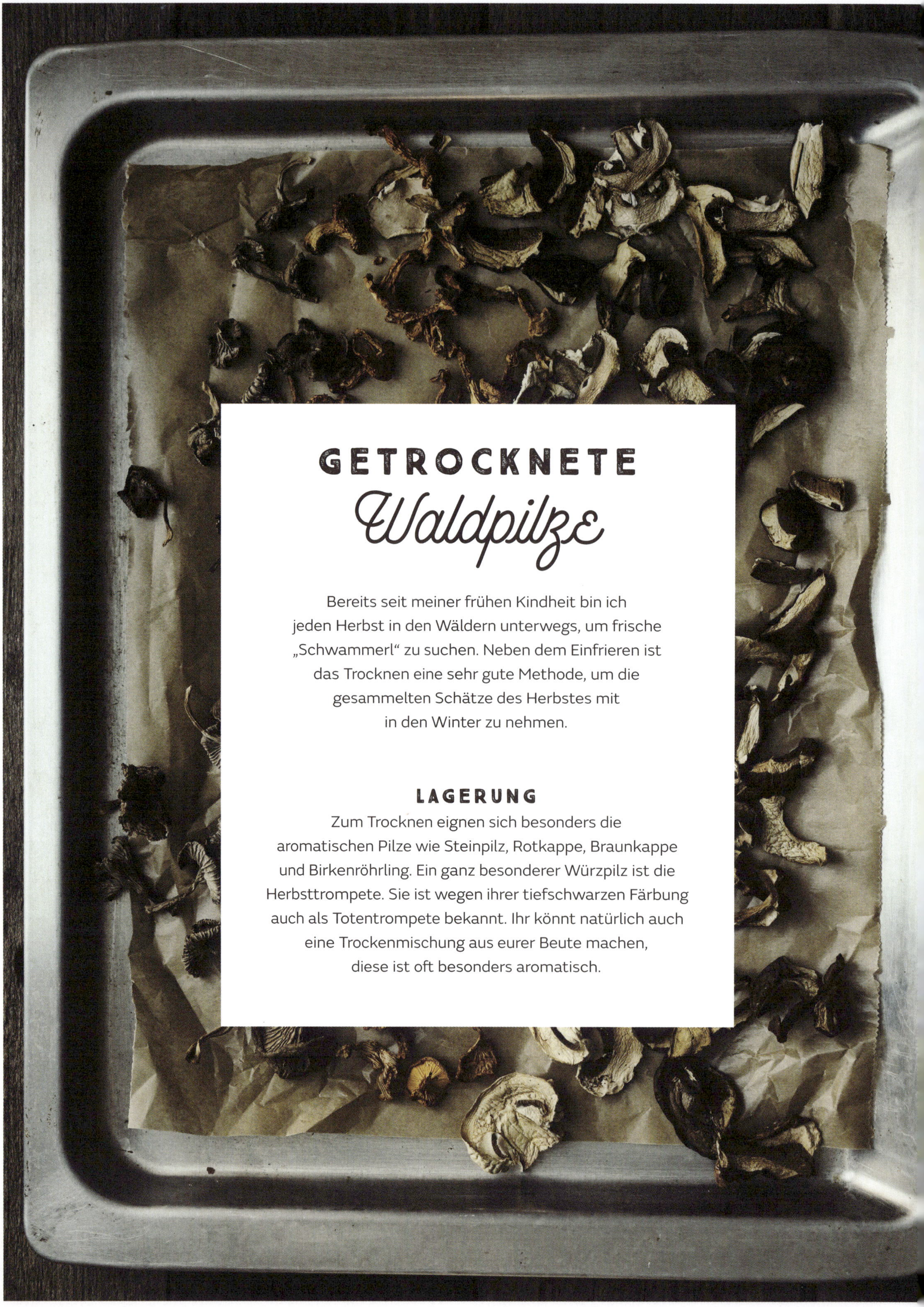

GETROCKNETE *Waldpilze*

Bereits seit meiner frühen Kindheit bin ich jeden Herbst in den Wäldern unterwegs, um frische „Schwammerl“ zu suchen. Neben dem Einfrieren ist das Trocknen eine sehr gute Methode, um die gesammelten Schätze des Herbstes mit in den Winter zu nehmen.

LAGERUNG

Zum Trocknen eignen sich besonders die aromatischen Pilze wie Steinpilz, Rotkappe, Braunkappe und Birkenröhrling. Ein ganz besonderer Würzpilz ist die Herbsttrompete. Sie ist wegen ihrer tiefschwarzen Färbung auch als Totentrompete bekannt. Ihr könnt natürlich auch eine Trockenmischung aus eurer Beute machen, diese ist oft besonders aromatisch.

★ vegetarisch ★ Slow Food

ZUBEREITUNG

Wichtig ist, dass ihr die Pilze gut vorputzt. Entfernt alle Schadstellen und unschönen Verfärbungen (natürlich nicht jene bei den Röhrlingen, die sich nach dem Schneiden blau verfärben). Schneidet oder hobelt die Pilze in dünne Scheiben und gebt sie lose auf Backbleche, die ihr vorher mit Backpapier ausgelegt habt. Nun geht es ab in den warmen Heizungskeller. Hier bleiben sie für 2–3 Tage. Während des Trocknens könnt ihr sie einmal vom Papier lösen und locker mischen. Solltet ihr keinen warmen Keller haben oder das Ganze beschleunigen wollen, schaltet euren Backofen auf 50 °C Umluft und trocknet die Pilze hier für mehrere Stunden. Ihr könnt dabei einen Kochlöffel in die Türe klemmen oder den Ofen gelegentlich öffnen, damit die Feuchtigkeit entweicht.

Wenn die Pilze trocken sind, füllt ihr sie in Gläser oder luftdichte Dosen und lagert sie dunkel, trocken und kühl. So sind sie mindestens bis zur nächsten Pilzsaison haltbar.

Trockenpilze eignen sich super zum Würzen von Saucen, Gulasch und Eintöpfen. Entweder gebt ihr die Pilze getrocknet dazu (z. B. Gulasch) oder ihr weicht sie vorher in Wasser ein (z. B. Risotto). Hier könnt ihr auch das Einweichwasser zum Aufgießen verwenden.

WICHTIG

Bitte sammelt nur die Pilze, die ihr eindeutig identifizieren könnt. Sammelt, auch wenn ihr eine Stelle voller Pilze findet, immer mit Maß und lasst vor allem die alten, bereits weichen stehen. Am besten werden Pilze mit einem scharfen Messer am unteren Stielende abgeschnitten oder vorsichtig aus dem Boden gedreht. Verwendet zum Sammeln luftige Körbe und keine Plastiktüten.

Mix and enjoy!

Aufstriche und Pasten

Schnell gemacht, viel gesünder als Fertigprodukte und vielseitig verwendbar: Das zeichnet unter anderem die Nussmischungen aus, die hier verarbeitet werden. Dazu versorgen euch Nüsse im Winter neben gesunder Energie mit reichlich wertvollen Mineral- und Nährstoffen.

ERDNUSSBUTTER

FÜR 1 GLAS

★ vegetarisch ★ Energie ★ Winterpicknick

1 BEUTEL (250 G) GESCHÄLTE ERDNÜSSE
2 EL ERDNUSS- ODER SONNENBLUMENÖL
¼ TL SALZ

SÜSSE VARIANTE:
1 EL HONIG ODER AGAVENDICKSAFT

PIKANTE VARIANTE:
1 PRISE CHILI

ÜBERRASCHENDE VARIANTE:
½ TL KAFFEEBOHNEN

Nüsse ohne Öl in einer Pfanne anrösten und abkühlen lassen. Dann alle Zutaten mixen (entweder ihr lasst noch ein paar Stücke für den „Crunch" oder ihr mixt alles glatt). Die Erdnussbutter in Gläser abfüllen.

LAGERUNG

Hält im Kühlschrank etwa 6 Wochen.

CASHEWCREME

FÜR 1 GLAS

★ vegetarisch ★ Energie ★ Winterpicknick

1 BEUTEL (250 G)
GESCHÄLTE CASHEWKERNE
½ BIO-ZITRONE
1 KNOBLAUCHZEHE
2 WEICHE DATTELN, GESCHÄLT
UND ENTSTEINT
2–3 EL OLIVENÖL
SALZ UND PFEFFER

Die Cashews über Nacht in Wasser einweichen. Abgießen und abtropfen lassen. Die Zitrone waschen und die Schale fein reiben, dann auspressen. Den Knoblauch abziehen. Alle Zutaten mit einem Mixer oder Pürierstab aufmixen. Dabei etwa ½ Glas Wasser langsam einlaufen lassen, bis die gewünschte Konsistenz erreicht ist.

LAGERUNG

In Gläser abgefüllt hält die Creme im Kühlschrank 2–3 Wochen.

PROBIERT ES ALS PANADE, ALS TOPPING ODER IM SALATDRESSING. ES GIBT VIELEN SPEISEN EINE EXTRAPORTION „CRUNCH" UND EINE HERRLICH NUSSIGE NOTE. IHR SOLLTET ALSO IMMER EIN, ZWEI GLÄSER DAVON AUF VORRAT HABEN.

FÜR 2 GLÄSER

DUKKAH

JE 1 TASSE (125 G) WALNÜSSE, HASELNÜSSE UND MANDELN
JE 1 TL KREUZKÜMMEL, KORIANDER- UND SESAMSAAT, GANZ
JE ½ TL PFEFFERKÖRNER, MITTELGROBES MEERSALZ ODER FLEUR DE SEL

Die Nüsse mit einem elektrischen Hacker oder einem Messer nicht zu fein hacken und dann in einer Pfanne kurz trocken anrösten. Die Gewürze ebenfalls trocken anrösten, bis es duftet und leicht knackt. Abkühlen lassen und in einem Mörser zerstoßen. Salz evtl. kurz mitmörsern, wenn es sehr grob ist. Alles gründlich mischen und in Gläser abfüllen.

LAGERUNG Hält 6–8 Wochen.

Dazu serviert ihr klassisch das Fladenbrot von Seite 67 und ein Schälchen gutes Olivenöl. Versucht Dukkah als Panade für Hähnchenschnitzel oder Gemüse und traut euch auch mal, es auf den fertigen Schweinebraten zu streuen. Achtet beim Anbraten darauf, nicht zu viel Hitze zu verwenden! Die Nüsse dürfen nicht verbrennen, sonst schmecken sie bitter.

1 ROTE ZWIEBEL
6–8 KNOBLAUCHZEHEN
1 STÄNGEL ZITRONENGRAS
1 DAUMENDICKES STÜCK GALGANT ODER INGWER
1–2 EL GEHACKTE KORIANDERWURZEL
3–4 FRISCHE ROTE THAI-CHILIS
1 TL KREUZKÜMMEL, GANZ
1 TL KORIANDERSAMEN, GANZ
1 TL SALZ
1 TL GARNELENPASTE
ABRIEB VON 1 BIO-LIMETTE
3 EL NEUTRALES ÖL, Z.B. ERDNUSSÖL

ROTE CURRYPASTE

FÜR 1 GLAS

★ vegetarisch ★ wärmt ★ Immunbooster

Die Gewürze kurz in einer Pfanne trocken anrösten, bis sie duften. Alle Zutaten fein würfeln und im Mörser oder Mixer zu einer breiigen Masse verarbeiten, dabei das Öl am Schluss einfließen lassen.

LAGERUNG In Schraubgläser abfüllen und mit etwas Öl bedecken. Hält im Kühlschrank mehrere Wochen.

★ vegetarisch ★ schnell ★ Immunbooster

SALZZITRONEN KENNE ICH VON MEINEN SURFTRIPS NACH MAROKKO. DORT STEHEN SIE IN FAST JEDEM KLEINEN LEBENSMITTELGESCHÄFT IN HOHEN GLÄSERN. AUS DER MAROKKANISCHEN KÜCHE SIND SIE KAUM WEGZUDENKEN. GENAU GENOMMEN GIBT ES GERICHTE, IN DENEN NUR DIE SCHALE, IN ANDEREN NUR DAS FRUCHTFLEISCH VERWENDET WIRD. ICH DENKE, MAN MUSS DAS NICHT SO KONSEQUENT TRENNEN. VOR ALLEM SIND DIE SALZZITRONEN EIN HERRLICH ERFRISCHENDER AROMENSPENDER FÜR VIELE ARABISCHE UND MEDITERRANE GERICHTE. EXPERIMENTIEREN ERLAUBT! PERFEKT MACHEN SIE SICH IN DER TAJINE AUF DEN SEITEN 162–165.

MAROKKANISCHE Salzzitronen

FÜR 2 GLÄSER

14 BIO-ZITRONEN
6–8 EL GROBES MEERSALZ
2 LORBEERBLÄTTER

Hier ist die Verwendung von ungespritzten Bio-Zitronen besonders wichtig! Die Zitronen heiß abwaschen und gut abreiben. Dann 10 Zitronen der Länge nach mit zwei tiefen Längsschnitten, wie wenn ihr sie vierteln würdet, einschneiden, ohne sie jedoch dabei ganz zu durchtrennen! Große Kerne vorsichtig entfernen. Die restlichen vier Zitronen halbieren und den Saft auspressen.

Je 1 Teelöffel Meersalz in die Einschnitte der Zitronen drücken und diese sehr dicht aneinander in hohe Gläser schichten. Wenn ihr 5 Zitronen in ein Glas bekommt, gebt je Glas 1–2 Esslöffel Meersalz, je 1 Lorbeerblatt und die Hälfte des Zitronensafts darüber und gießt die Gläser langsam mit fast kochend heißem Wasser auf. Vorsicht, dass die Gläser dabei nicht springen! Am besten einen kleinen Unterteller oder Stein zum Beschweren direkt auf die Zitronen legen und die Gläser mit einem Deckel verschließen.

Die Zitronen sollten mindestens 4–6 Wochen durchziehen, bevor ihr sie das erste Mal verwendet. Ihr könnt alles von der Zitrone zum Kochen verwenden, auch die Schale schmeckt köstlich. Stellt die Gläser zum Lagern am besten auf ein Kellerregal oder in die Speisekammer.

LAGERUNG

Die Haltbarkeit beträgt bestimmt ein halbes Jahr.

KLASSISCHERWEISE WERDEN FÜR DEN MATJES JUNGE, NOCH NICHT GESCHLECHTSREIFE HERINGE VERWENDET. DIESE WERDEN WEGEN IHRES OPTIMALEN FETTGEHALTES EIGENTLICH ZWISCHEN MAI UND JUNI GEFANGEN. WAS IHR UNBEDINGT EINMAL PROBIEREN SOLLTET, SIND FISCHFILETS AUS BINNENFISCHEREI. BESONDERS NACHHALTIG IST HEIMISCHER SÜSSWASSERFISCH OHNEHIN, ES EIGNEN SICH Z.B. FILETS VON RENKEN (AUCH FELCHEN GENANNT) ODER BARSCH (AUCH EGLI GENANNT). NATÜRLICH SCHMECKEN HERING, SCHELLFISCH UND ANDERE KLEINE, HELLE MEERESFISCHE AUCH SUPER.

AUS DEN FERTIG DURCHGEZOGENEN MATJES MACHT IHR DANN Z.B. DAS REZEPT „NACH HÜTTENFRAUENART“ (SEITE 151). IHR WERDET ES LIEBEN.

Matjes SELBST EINLEGEN

FÜR 4–5 PORTIONEN

★ schnell ★ Winterpicknick

220 G SALZ
10 FISCHFILETS, GESCHUPPT, MIT HAUT, GRÄTEN GEZOGEN
½ L WEISSER ESSIG
1 EL PFEFFERKÖRNER
1 TL PIMENT
2 TL WACHHOLDER
2 LORBEERBLÄTTER
1 KLEINE ZWIEBEL

1 Liter Wasser mit 200 g Salz aufkochen und das Salz unter Rühren vollständig auflösen. Die Mischung gut abkühlen lassen, Fischfilets einlegen und 24 Stunden im Keller oder Kühlschrank durchziehen lassen. Die Filets aus dem Salzwasser nehmen und kurz unter kaltem Wasser abspülen.

½ Liter Wasser mit Essig, dem restlichen Salz und den Gewürzen aufkochen. Vom Herd nehmen und 30 Minuten abkühlen lassen. Die Zwiebel abziehen und in Ringe schneiden. Die Fischfilets in saubere Gläser mit Schnappverschluss füllen, Zwiebelringe dazwischen schichten und vollständig mit dem Gewürzsud bedecken. Vor dem Verzehr einige Tage im Kühlschrank durchziehen lassen.

LAGERUNG Die Matjes halten sich bei sauberer Arbeitsweise und gut gekühlt locker 2 Monate.

HAUSGEMACHTES Blaukraut

★ Immunbooster ★ vegetarisch ★ für morgen

FÜR 10–12 PORTIONEN

ZUTATEN

2 MITTELGROSSE BLAUKRAUTKÖPFE

FÜR DIE MARINADE:
100 G ZUCKER
2 EL SALZ
GEMAHLENER PFEFFER
350 ML ROTWEIN
SAFT VON JE
2 ORANGEN UND ZITRONEN
150 ML APFELESSIG

ZUM EINKOCHEN:
4–5 ÄPFEL
2–3 WEISSE ZWIEBELN
4 EL SONNENBLUMENÖL
(BESONDERS GUT SCHMECKT ES
MIT GÄNSESCHMALZ STATT ÖL)
2 EL JOHANNISBEER-GELEE
1 KLEINES GLAS APFELMUS
1 GEWÜRZSÄCKCHEN
MIT 4 GEWÜRZNELKEN,
2–3 LORBEERBLÄTTERN,
1 EL KORIANDERKÖRNERN
UND 1 EL WACHOLDERBEEREN

ZUBEREITUNG

Die Krautköpfe waschen, äußere Blätter abnehmen. Die Köpfe vierteln und den Strunk herausschneiden. Mit einem Hobel, Messer oder der Küchenmaschine die Viertel in feine Streifen schneiden. Dabei evtl. Gummihandschuhe tragen und ein Kunststoffbrett verwenden, um Verfärbungen zu vermeiden.

Alle Zutaten für die Marinade vermischen. Die Marinade über das Kraut geben und alles mit den Händen etwa 5 Minuten ordentlich durchkneten. Abdecken und über Nacht im Keller oder der Speisekammer durchziehen lassen.

Zum Einkochen die Äpfel schälen, vierteln, Kerngehäuse entfernen und in Scheiben schneiden. Die Zwiebeln abziehen und würfeln. Das Öl in einem großen Topf erhitzen und Äpfel und Zwiebeln darin anschwitzen, das marinierte Blaukraut kurz mitschwitzen. Alle restlichen Zutaten zugeben und bei mittlerer Hitze bei gelegentlichem Umrühren aufkochen. Die Hitze reduzieren und das Kraut etwa 30 Minuten köcheln lassen, bis es gar ist, aber noch etwas Biss hat. Abschmecken, das Gewürzsäckchen entfernen und sofort in saubere Gläser abfüllen. Ein Marmeladentrichter macht es euch leichter.

Das Blaukraut vor dem Verschließen mit der restlichen heißen Flüssigkeit bedecken.

LAGERUNG Es hält sich dunkel und kühl gelagert mehrere Monate und passt perfekt zu festlichen Braten und Klassikern wie dem Schweinebraten von den Seiten 181–185.

ZUCCHINI-CHUTNEY

FÜR 4 GLÄSER

★ vegetarisch ★ Immunbooster ★ Winterpicknick

3–4 MITTELGROSSE ZUCCHINI
5 ZWIEBELN
6 KNOBLAUCHZEHEN
1 DAUMENGROSSES STÜCK INGWER
250 ML WEISSWEINESSIG
250 G BRAUNER ZUCKER
1 EL KURKUMA
1 EL CURRY
1 EL SCHARFES PAPRIKAPULVER
1 EL SALZ
1 TL GEMAHLENER ZIMT
1 TL GEMAHLENER KREUZKÜMMEL
1 HANDVOLL ROSINEN

Die Zucchini waschen und in kleine Würfel schneiden. Zwiebeln und Knoblauch abziehen, den Ingwer schälen und alles fein würfeln. Alle Zutaten außer den Rosinen in einem Topf aufkochen, bis die Zucchini weich sind (evtl. mit dem Pürierstab grob pürieren). Dann Rosinen zugeben und noch mal kurz aufkochen. Das Chutney sofort mit einem Marmeladentrichter in saubere Schraubgläser abfüllen und die Gläser verschließen. Dunkel und kühl lagern.

LAGERUNG Das Chutney sollte mindestens 4 Wochen durchziehen. Es hält sich bis zu 1 Jahr und schmeckt köstlich zu Gegrilltem, auf Crostinis oder als Topping in Sandwiches etc.

FEIGENSENF

FÜR 2 GLÄSER

★ vegetarisch ★ Immunbooster ★ Winterpicknick

400 G FRISCHE FEIGEN
1 BIO-ZITRONE
1 TASSE (200 G) GELIERZUCKER (2:1)
2 EL HELLE SENFKÖRNER
JE 1 PRISE SALZ UND CAYENNEPFEFFER
1 EL SENFPULVER (Z.B. COLEMAN'S)

Feigen und Zitrone waschen. Die Feigen in kleine Würfel schneiden, die Zitronenschale abreiben. Beides mit Gelierzucker, Senfkörnern, Salz und Cayennepfeffer vermengen und etwa 1 Stunde ziehen lassen. In einem Topf kurz aufkochen, die Hitze reduzieren und 3–4 Minuten köcheln lassen. Evtl. mit dem Pürierstab grob pürieren. Jetzt das Senfpulver und den ausgepressten Zitronensaft zugeben.

Den Feigensenf sofort mit einem Marmeladentrichter in saubere Schraubgläser abfüllen und die Gläser verschließen. Dunkel und kühl lagern.

LAGERUNG Der Senf sollte mindestens 1 Woche durchziehen. Es hält sich bis zu einem halben Jahr und schmeckt köstlich zu gegrilltem Fleisch, Ziegenkäse, auf Crostinis oder als Topping für Sandwiches etc.

WENN IM HERBST IM SÜDEN DIE FEIGEN REIF AN DEN BÄUMEN HÄNGEN, BEREITEN WIR DIESEN HERRLICH FRUCHTIGEN SENF OFT DIREKT VOR ORT IN UNSEREM VW-BUS ZU. GUT, DASS MAN AUCH BEI UNS ZU DIESER ZEIT FRISCHE FEIGEN KAUFEN KANN: EIN ECHTES MUST-HAVE FÜR DIE WINTERLICHE SPEISEKAMMER. WIR LIEBEN DAZU SARDISCHEN PECORINO UND KNUSPRIGES BAGUETTE.

★ Energie ★ Winterpicknick

Elisenlebkuchen

FÜR 10 LEBKUCHEN

ZUTATEN

5 BIO-EIER
¼ TL SALZ
400 G DUNKLER ROHRZUCKER
JE 100 G ORANGEAT UND ZITRONAT, BEIDES BIO, FEIN GEHACKT
JE 200 G MANDELN UND HASELNÜSSE, GEMAHLEN
JE 100 G MANDELN UND HASELNÜSSE, GEHACKT
1–2 EL LEBKUCHENGEWÜRZ
GROSSE OBLATEN

FÜR DIE GLASUR:
250 G DUNKLE KUVERTÜRE UND 1 EL KOKOSFETT

ZUBEREITUNG

Die Eier mit Salz steif schlagen. Dabei den Zucker nach und nach einrieseln lassen. Alle restlichen Zutaten dazugeben, untermischen und abgedeckt über Nacht, am besten im kühlen Keller, durchziehen lassen.

Am nächsten Tag den Backofen auf 150 °C Ober-/Unterhitze vorheizen. Die Lebkuchenmasse mit einem Löffel etwa 1,5 cm dick auf die Oblaten streichen, zum Rand hin glatt streichen. Auf einem mit Backpapier ausgelegten Backblech 30–35 Minuten backen. Herausnehmen und auskühlen lassen.

Für die Glasur Kuvertüre und Kokosfett in einer Schüssel über einem heißen Wasserbad schmelzen, dabei öfter umrühren. Die Glasur mit einem Backpinsel auf der Oberseite der Lebkuchen verteilen. Die Lebkuchen auf einem Kuchengitter auskühlen lassen (am besten wieder im Keller). Erst nach dem vollständigen Abkühlen lose in Dosen schlichten, evtl. eine Lage Backpapier zwischen die Schichten legen.

LAGERUNG Kühl in Dosen gelagert sollten die Lebkuchen mindestens 4 Wochen haltbar bleiben.

Plätzchen-Backmischungen

Hier habe ich euch ein paar tolle Backmischungen für richtig verschneite Tage zusammengestellt. Die könnt ihr wunderbar zu Hause vorbereiten und mit auf die Hütte oder in den Urlaub nehmen, wo ihr dann nur noch ein oder zwei „feuchte" Zutaten ergänzen müsst. Natürlich könnt ihr die Mischungen auch zu Hause, in Gläser abgefüllt, lagern und habt in Windeseile immer ofenfrische Plätzchen. Die Mischungen sind, hübsch verpackt, auch ein nettes Mitbringsel.

FÜR JE 1 GLAS

Kühl gelagert in Dosen sollten die Plätzchen mindestens 4 Wochen haltbar bleiben.

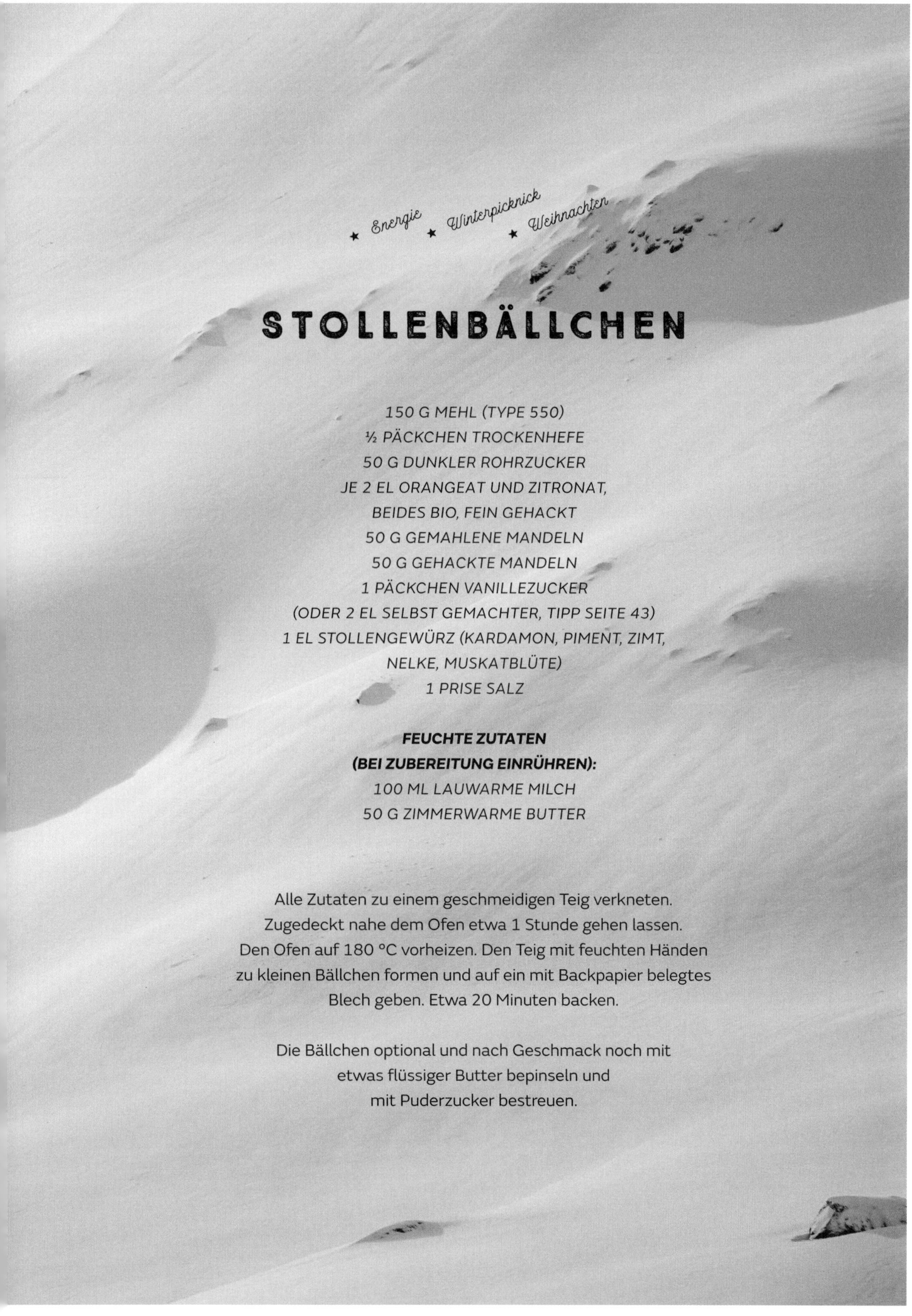

★ Energie ★ Winterpicknick ★ Weihnachten

STOLLENBÄLLCHEN

150 G MEHL (TYPE 550)
½ PÄCKCHEN TROCKENHEFE
50 G DUNKLER ROHRZUCKER
JE 2 EL ORANGEAT UND ZITRONAT, BEIDES BIO, FEIN GEHACKT
50 G GEMAHLENE MANDELN
50 G GEHACKTE MANDELN
1 PÄCKCHEN VANILLEZUCKER (ODER 2 EL SELBST GEMACHTER, TIPP SEITE 43)
1 EL STOLLENGEWÜRZ (KARDAMON, PIMENT, ZIMT, NELKE, MUSKATBLÜTE)
1 PRISE SALZ

FEUCHTE ZUTATEN (BEI ZUBEREITUNG EINRÜHREN):
100 ML LAUWARME MILCH
50 G ZIMMERWARME BUTTER

Alle Zutaten zu einem geschmeidigen Teig verkneten. Zugedeckt nahe dem Ofen etwa 1 Stunde gehen lassen. Den Ofen auf 180 °C vorheizen. Den Teig mit feuchten Händen zu kleinen Bällchen formen und auf ein mit Backpapier belegtes Blech geben. Etwa 20 Minuten backen.

Die Bällchen optional und nach Geschmack noch mit etwas flüssiger Butter bepinseln und mit Puderzucker bestreuen.

VANILLEKIPFERL
MIT MATCHA

★ Energie ★ Winterpicknick ★ Weihnachten

100 G MEHL (TYP 550)
50 G MANDELN, GEMAHLEN
50 G WALNUSSKERNE, GERIEBEN
½ TL BACKPULVER
65 G DUNKLER ROHRZUCKER
1 TL GEMAHLENE VANILLE
(könnt ihr auch selbst aus einer getrockneten Schote machen)
1 TL MATCHA-PULVER
1 PRISE SALZ

FEUCHTE ZUTATEN (BEI ZUBEREITUNG EINRÜHREN):
1 EI
60 G ZIMMERWARME BUTTER

Alle Zutaten zu einem geschmeidigen Teig verkneten. Den Teig zu fingerdicken Röllchen formen und in daumenlange Stücke schneiden. Mit der hohlen Hand vorsichtig rollen, dass die Enden spitz werden, und zu Halbmonden biegen. Den Ofen auf 180 °C vorheizen. Die Kipferl auf ein mit Backpapier belegtes Blech geben und 8-10 Minuten backen.

Optional und nach Geschmack die noch warmen Kipferl in einer Mischung aus Vanillezucker und Matcha-Pulver wälzen.

SPEKULATIUS-COOKIES

★ Energie ★ Winterpicknick ★ Weihnachten

150 G MEHL (TYP 550)
100 G MANDELN, GEMAHLEN
1 TL BACKPULVER
100 G DUNKLER ROHRZUCKER
50 G SCHOKODROPS
1 PÄCKCHEN VANILLEZUCKER
2 TL SPEKULATIUSGEWÜRZ
(KARDAMON, PFEFFER, ZIMT, NELKE, MUSKATBLÜTE, INGWERPULVER)
1 PRISE SALZ

FEUCHTE ZUTATEN (BEI ZUBEREITUNG EINRÜHREN):
1 EI
125 G ZIMMERWARME BUTTER

Alle Zutaten zu einem geschmeidigen Teig verkneten. Den Teig zu fingerdicken Röllchen formen und in daumenlange Stücke schneiden. Den Ofen auf 180 °C vorheizen. Den Teig mit einem feuchtem Teelöffel portionieren und auf ein mit Backpapier belegtes Blech geben. Die Cookies 12–15 Minuten backen.

Gewürzmischungen und Sirups

FÜR JE 2 FLASCHEN

Der Duft nach Winter und nach Weihnachten weht euch hier um die Nase.

Immer zuerst Flüssigkeiten und Zucker aufkochen und dann restliche Zutaten zugeben. Für intensiveren Geschmack einige Stunden oder über Nacht an einem kühlen Ort ziehen lassen, dann abseihen und in Flaschen abfüllen. Für längere Haltbarkeit nach dem Abseihen nochmals kurz aufkochen und heiß abfüllen. Die Zugabe von etwas (2 EL/l) Ascorbinsäure (Vitamin C, in der Apotheke erhältlich) oder Zitronensäure verlängert ebenfalls die Haltbarkeit.

schnell · Winterpicknick

BRATAPFELSIRUP

*750 ML APFELSAFT, 1 KG BRAUNER ZUCKER,
4 ZIMTSTANGEN, 1 VANILLESCHOTE, 1 STERNANIS,
2 TROPFEN MANDELAROMA*

schnell · Immunbooster · Winterpicknick

INGWER-ORANGEN-SIRUP

*1 L WASSER (2 TEILE), 500 G ZUCKER (1 TEIL),
300 G FRISCHER GESCHÄLTER INGWER, ½ TL KURKUMA,
4 PIMENT- ODER PFEFFERKÖRNER, 4 BIO-ORANGEN*

Orangen waschen, Schale abreiben, Saft auspressen.
10 Minuten abgedeckt köcheln lassen.

schnell · Winterpicknick

HASELNUSSSIRUP

*500 ML WASSER (1 TEIL), 500 G BRAUNER ZUCKER (1 TEIL),
200 G HASELNÜSSE, GEHACKT*

Nüsse trocken anrösten, Zucker zugeben und leicht karamellisieren.
Mit Wasser ablöschen und etwa 10 Minuten bei mittlerer Hitze einkochen.

Aus den Sirups lassen sich im Nu winterliche Heißgetränke zaubern,
Desserts verfeinern und Tees süßen.

schnell · wärmt

GLÜHWEINGEWÜRZ

*3 EL BRAUNER KANDISZUCKER, 6 GEWÜRZNELKEN,
2–3 KARDAMONKAPSELN, 2 ZIMTSTANGEN, 1 STERNANIS,
GETROCKNETE ORANGENSCHALE (KANN MAN AUCH SELBST MACHEN)*

CASSIS

SELBST ANGESETZTER *Likör*

Die fruchtigen Schätze des Herbstes mit in den Winter zu nehmen, macht wirklich Laune. Natürlich könnt ihr Beeren und Früchte auch wunderbar einfrieren, ein Teil davon sollte aber gleich frisch in die Likörflaschen wandern. Ihr werdet euch in der kalten Jahreszeit über die geschmackvollen Hals- und Seelenwärmer freuen.

FÜR JE 1 FLASCHE

★ *schnell* ★ *Weihnachten*

ZWETSCHGENLIKÖR

400 G REIFE ZWETSCHGEN
¾ TASSE (150 G) BRAUNER KANDISZUCKER
1 STÜCK ZIMT
1 STÜCK BIO-ORANGENSCHALE
2–3 GEWÜRZNELKEN
1 FLASCHE (0,7 L) BRAUNER ODER WEISSER RUM

Die Zwetschgen waschen, entsteinen und halbieren. In eine große, bauchige Flasche oder ein Einmachglas füllen. Zucker und Gewürze zugeben und mit Rum aufgießen.

Mindestens 4 Wochen im kühlen Keller oder der Speisekammer durchziehen lassen. Dann abseihen und in Flaschen abfüllen. Die Zwetschgen entweder als Liköreinlage oder als beschwipste Beigabe für Mehlspeisen (ab Seite 128) verwenden.

★ *schnell*

EIERLIKÖR

8 EIGELBE (BIO)
250 G PUDERZUCKER
1 DOSE (340 G) KONDENSMILCH
250 ML BRANDY ODER
WEISSER RUM
1 TONKABOHNE
(ODER ½ VANILLESCHOTE)

VARIANTE
KOKOS-EIERLIKÖR:
STATT KONDENSMILCH
KOKOSMILCH VERWENDEN

Eigelb und Puderzucker mit dem Schneebesen in einer Metallschüssel verrühren. Langsam die Kondensmilch und den Brandy oder Rum zugeben und unterrühren. Die Tonkabohne hineinreiben oder das Mark der Vanilleschote zugeben.

Langsam über dem heißen Wasserbad unter ständigem Rühren cremig aufschlagen.

TIPP „Zur Rose abziehen". Nehmt mit dem Rücken eines Holzkochlöffels etwas Likör auf und pustet vorsichtig darauf. Wenn sich dabei eine Art Rosenform bildet, ist die Konsistenz und somit auch die Temperatur (wichtig bei rohem Eigelb) perfekt. Nicht zu lange erhitzen, sonst flockt das Ei aus!

Den Likör mit einem Trichter in Flaschen abfüllen. Im Kühlschrank ist er bis zu 4 Wochen haltbar.

★ *schnell*

CASSISLIKÖR

500 G SCHWARZE JOHANNISBEEREN
1 KLEINES STÜCK INGWER
½ VANILLESCHOTE
250 G BRAUNER KANDISZUCKER
1 FLASCHE (0,7 L) WEISSER RUM ODER WODKA

Die Johannisbeeren waschen und von Stielresten befreien. In eine bauchige Flasche oder ein großes Einmachglas abfüllen. Den Ingwer schälen und in Scheiben schneiden, die Vanilleschote ausschaben. Ingwerscheiben, Vanillemark, Zucker und Gewürze in die Flasche geben und mit Alkohol aufgießen.

Den Likör mindestens 4 Wochen im kühlen Keller oder der Speisekammer durchziehen lassen. Dann abseihen und in Flaschen abfüllen. Die Beeren über Vanille- oder Walnusseis geben oder als beschwipste Beigabe für Mehlspeisen (ab Seite 118) verwenden.

Der Likör schmeckt pur, in Longdrinks oder als Kir, also mit Sekt oder Prosecco aufgegossen. Kir Royal wird mit Champagner gemacht, ich finde jedoch dieser verliert dadurch seinen nussigen Eigengeschmack.

TIPP Wenn ihr für ein Rezept Vanillemark auskratzt, hebt die leeren Schoten immer in einem Schraubglas zusammen mit Kristallzucker auf. So habt ihr nach kurzer Zeit wunderbaren, selbst gemachten Vanillezucker zur Hand!

HÜTTEN
FRÜHSTÜCK

EIN GEMÜTLICHES HÜTTENFRÜHSTÜCK
IST DER OPTIMALE START IN EINEN AKTIVEN TAG.
FRÜHAUFSTEHER SCHÜREN DAS ERSTE FEUER
IM OFEN AN UND STELLEN EINE KANNE KAFFEE AUF.
DAS KNISTERN DES FEUERS UND DER DUFT DES KAFFEES TREIBEN
AUCH DIE LANGSCHLÄFER AUS DEN FEDERN.
JETZT KÖNNT IHR GEMEINSAM
DAS FRÜHSTÜCK ZUBEREITEN.

PORRIDGE SEITE 50
ORIGINAL SCHWEIZER BIRCHERMÜSLI SEITE 53
SPORTLERFRÜHSTÜCK SEITE 54–57
KNUSPRIGES BAUERNBROT SEITE 60
FLADENBROT MIT SESAM UND SCHWARZKÜMMEL SEITE 67
KALT GEGANGENE SEMMELN SEITE 68
PAIN PAILASSE SEITE 69
WINTERSMOOTHIES SEITE 71
HÜTTENPFANNE SEITE 72
LANGSCHLÄFERFRÜHSTÜCK SEITE 75

WESTALPENEXPEDITION
SEITE 64–65

Porridge

Der einst etwas biedere, ursprünglich aus Schottland stammende, warme Haferbrei ist inzwischen zum trendigen Lifestyle-Frühstück geworden. Nicht umsonst, denn es gibt viele leckere Variationsmöglichkeiten, und durch den relativ hohen Kohlenhydrat- und Flüssigkeitsanteil eignet es sich sehr gut, um fit und gut hydriert in einen aktiven Tag zu starten.

FÜR JE 2 PORTIONEN

GEWÜRZPORRIDGE
MIT DATTELN UND WINTERAPFEL

★ *schnell* ★ *Immunbooster* ★ *Energie*

1 WINTERAPFEL
1 TASSE ZARTE HAFERFLOCKEN
1 TASSE MILCH, MANDELMILCH ODER HAFERMILCH
½ EL ROHRZUCKER
¼ TL ZIMT
2–3 KARDAMOMKAPSELN
4 EL ROSINEN
2 EL ENTSTEINTE, GROB GEHACKTE DATTELN
2 EL GROB GEHACKTE WALNUSSKERNE
2 TL HONIG

Den Apfel waschen, entkernen und in kleine Stücke schneiden. Die Haferflocken mit Milch, 1 Tasse Wasser, Zucker und den Gewürzen aufkochen, Rosinen und Apfelstücke zugeben. Unter Rühren köcheln lassen, bis ein cremiger Brei entstanden ist. Die Kardamomkapseln entfernen und das Porridge in zwei Schüsseln anrichten. Dattel- und Walnussstücke als Topping darüberstreuen und mit dem Honig garnieren.

FRUCHTIGES FITNESSPORRIDGE
MIT GRANATAPFEL UND FEIGEN

★ *schnell* ★ *Immunbooster* ★ *Energie*

1 TASSE MILCH, MANDELMILCH ODER HAFERMILCH
1 MSP. KURKUMA
½ EL ROHRZUCKER
1 TASSE ZARTE HAFERFLOCKEN
½ BIRNE
1 REIFER GRANATAPFEL
4 FEIGEN (AM BESTEN FRISCH, SONST GETROCKNET)
4 EL PEKANNÜSSE
2 EL AHORNSIRUP

Die Milch mit 1 Tasse Wasser, Kurkuma und Zucker aufkochen. Die Haferflocken einstreuen und unter Rühren köcheln lassen, bis ein cremiger Brei entstanden ist. Birne waschen und in kleine Stücke schneiden. Den Granatapfel halbieren, mit der Schnittseite nach unten über eine Schüssel halten und mit einem Löffel recht kräftig auf die Schale klopfen, bis alle Kerne herausgefallen sind. Die Feigen vierteln, die Birnenhälfte entkernen und in kleine Stücke schneiden. Granatapfelkerne und Birnenstücke kurz vor dem Servieren unter das Porridge rühren. Das Porridge in zwei tiefen Schalen anrichten, mit Feigen und Pekannüssen verzieren und mit dem Ahornsirup beträufeln.

★ für morgen ★ Energie ★ Slow Food

DAS ORIGINAL Schweizer Birchermüsli

FÜR 2 PORTIONEN

EIN ECHTER MÜSLI-KLASSIKER, DER GERADE IM WINTER SEHR GUT SCHMECKT. DIE SCHWEIZER ENERGIEBOMBE MACHT BESONDERS LANGE SATT UND STÄRKT EUCH FÜR EINEN AKTIVEN WINTERTAG.

ZUTATEN

GUT 1 TASSE (100 G) ZARTE HAFERFLOCKEN
2 EL ROSINEN
1 ½ TASSEN (300 ML) MILCH
2 ÄPFEL
1 EL HONIG
2 EL GEHACKTE HASELNÜSSE

ZUBEREITUNG

Haferflocken, Rosinen und Milch am Vorabend verrühren und über Nacht abgedeckt im Kühlschrank quellen lassen.
Die Äpfel waschen, entkernen und fein reiben (wer mag, schält sie) und mit Honig und Nüssen unter das Müsli rühren.

Wollt ihr das Müsli noch aufpeppen, gebt etwas gemahlenen Zimt, Walnusskerne und Naturjoghurt darüber.

TOAST-MUFFINS
MIT SCHINKEN

★ Energie ★ Holzofen

4 SCHEIBEN VOLLKORNTOAST
2 TL BUTTER
4 SCHEIBEN SCHINKEN, SPECK ODER RÄUCHERLACHS
4 EIER
SALZ UND PFEFFER
2 EL GERIEBENER BERGKÄSE
½ BUND SCHNITTLAUCH ODER 2 TL KRESSE

Den Ofen auf 180 °C vorheizen. Die Toastscheiben aufeinanderlegen, Rinde abschneiden und einzeln mit einem Nudelholz oder einer Weinflasche leicht plattieren. Die Scheiben beidseitig dünn mit Butter bestreichen und in Muffinförmchen oder kleine Kokotten drücken. Mit Schinken auskleiden. Die Eier aufschlagen und je eines vorsichtig in die Förmchen füllen, ohne dass der Dotter platzt. Leicht salzen, pfeffern und mit dem geriebenen Bergkäse bestreuen. Etwa 15 Minuten im heißen Ofen backen. Mit fein geschnittenem Schnittlauch oder Kresse garnieren und heiß servieren.

VEGETARISCHE VARIANTE:

Ihr könnt z.B. lange, dünne Scheiben Zucchini statt dem Schinken verwenden.

GEBACKENE
BANANENROLLE

★ vegetarisch ★ Energie ★ Winterpicknick

Ein echtes „All-in-one"-Frühstück. Da steckt alles drin, was ihr für den Start in den Tag braucht. Und noch dazu schmeckt es so unglaublich lecker, dass ihr die Rollen mit einer Kugel Eis sogar auch mal als Dessert servieren könnt.

4 SCHEIBEN VOLLKORNTOAST
1 BANANE
2 EIER
4 EL MILCH
2 EL ZIMT-ZUCKER-MISCHUNG
2 EL FRISCHKÄSE
2–3 EL KOKOSFETT ODER PFLANZENÖL

Die Toastscheiben aufeinanderlegen, Rinde abschneiden und einzeln mit einem Nudelholz oder einer Weinflasche leicht plattieren. Die Banane schälen und erst der Länge nach und dann quer halbieren (evtl. noch etwas kürzen), sodass die Stücke der Größe der Toastscheiben entsprechen. Die Eier mit Milch und Zimtzucker in einem tiefen Teller verquirlen. Die Toastscheiben auf einer Seite mit Frischkäse (alternativ Schokocreme) bestreichen und die Bananen am Rand der Scheiben auflegen. Die Toastscheiben einrollen und in der Eiermilch wälzen. Das Kokosfett in einer beschichteten Pfanne erhitzen und die Rollen von allen Seiten goldbraun anbraten. Evtl. noch mit 1 Prise Zimtzucker bestreuen.

FÜR JE 2 PORTIONEN

Sportlerfrühstück

Hochwertiges Eiweiß ist ein wichtiger Baustein der Muskulatur und somit für sportliche, aktive Menschen ein unerlässlicher Bestandteil einer ausgewogenen Ernährung.

Eine gute, schmackhafte Eiweißquelle ist das Hühnerei. Da wir zu Hause selbst ein paar glückliche Hühner halten und ich die Unterschiede in der Haltung sehr genau kenne, kann ich euch nur Bio-Eier aus kleinen Betrieben mit Freilandhaltung und verlässlicher, am besten regionaler Herkunft empfehlen. So sind die Hühner glücklich, und euch schmecken die gesunden Eierspeisen garantiert besser.

GEBACKENE AVOCADO-EIER

★ schnell ★ Energie ★ Holzofen

1 AVOCADO
1 KLEINE TOMATE
2 EIER
½ BUND SCHNITTLAUCH, IN RÖLLCHEN GESCHNITTEN
SALZ UND PFEFFER
½ ZITRONE

OPTIONAL:
SRIRACHA-SAUCE

Den Backofen auf 200 °C vorheizen. Die Avocado halbieren und den Kern entnehmen. Die Tomate vierteln, Kernhaus entfernen, das Fruchtfleisch in feine Würfel schneiden und in die zwei Kernvertiefungen der Avocado geben. Die Eier aufschlagen und trennen. Je einen Dotter vorsichtig in die Vertiefung setzen. Das Eiweiß mit Schnittlauchröllchen, Salz und Pfeffer verrühren und die Avocadohälften damit auffüllen. Die Hälften auf einen Teller oder in eine feuerfeste Form stellen und 15 Minuten im heißen Ofen backen.

Zum Servieren die Avocados mit etwas Zitronensaft und Sriracha-Sauce, falls verwendet, beträufeln. Mit dunklem Vollkornbrot servieren.

SÜSSKARTOFFEL-FRITTATA
MIT GRÜNKOHL

★ Energie ★ Immunbooster

1 KLEINE ROTE ZWIEBEL
4 EIER
½ TASSE MILCH
SALZ UND PFEFFER
1 KLEINE SÜSSKARTOFFEL
2 STÄNGEL GRÜNKOHL
2 EL SONNENBLUMENÖL
½ FETA

OPTIONAL:
1 EL PINIENKERNE

Die Zwiebel abziehen und in feine Streifen schneiden. Die Eier mit der Milch verquirlen und mit Salz und Pfeffer würzen. Die Süßkartoffel schälen und grob raspeln. Den Grünkohl waschen, Stängel entfernen und die Blätter in Rauten schneiden. Das Öl in einer großen, beschichteten Pfanne heiß werden lassen und das Gemüse und die Pinienkerne, falls verwendet, kurz darin anschwitzen. Die Eiermilch darübergießen, den Feta grob darüberbröseln. Bei mittlerer Hitze braten, bis die Masse halbfest und die Unterseite der Frittata goldbraun ist. Die Frittata mithilfe eines Tellers wenden und auf der anderen Seite ebenfalls goldbraun braten. Auf ein Schneidbrett stürzen, in Viertel schneiden und servieren.

FÜR 1 BROT

★ Holzofen ★ Winterpicknick

Knuspriges Bauernbrot

DEFTIGES BROT GEHÖRT EINFACH ZUM FRÜHSTÜCK UND ZU JEDER GUTEN BROTZEIT DAZU. ENTWEDER WIRD DAS BAUERNBROT KLASSISCH IM OFEN, AM BESTEN AUF EINEM BACKSTEIN GEBACKEN. ODER IHR VERSUCHT ES MAL MIT EINEM ALTEN EMAILLETOPF, SO HÄLT ES SICH BESONDERS LANGE, SIEHT RICHTIG GUT AUS UND IST SO IMMER EIN NETTES MITBRINGSEL. NUR KEINE ANGST VOR DEM BROTBACKEN, DIESES BROT GELINGT IMMER!

ZUTATEN

½ WÜRFEL FRISCHHEFE
ODER 1 BEUTEL TROCKENHEFE
1 EL HONIG
250 G WEIZENMEHL, TYPE 550
125 ML BUTTERMILCH
250 G DINKELMEHL
1 TL BACKMALZ
1 TL BROTGEWÜRZ (SIEHE RECHTS)
2 TL SALZ
1 EL OBSTESSIG

ZUBEREITUNG

BROTGEWÜRZ SELBST GEMACHT: Fenchelsaat, Korianderkörner, Piment und Kümmel zu gleichen Teilen mischen, trocken anrösten, dann fein mörsern.

125 ml Wasser in einem kleinen Topf lauwarm erwärmen. Hefe und Honig darin ganz auflösen und die Hälfte des Weizenmehls einstreuen und untermischen. In eine Rührschüssel füllen und 10–15 Minuten abgedeckt an einem warmen Ort stehen lassen, bis sich kleine Bläschen bilden.

Die Buttermilch leicht erwärmen und nach und nach mit dem restlichen Mehl und dem Backmalz in den Vorteig einrühren. Alle übrigen Zutaten einarbeiten und den Teig etwa 10 Minuten kneten. Je nach Konsistenz evtl. etwas Mehl oder Wasser zugeben, bis ein geschmeidiger Teig entstanden ist, der nicht mehr am Schüsselrand klebt.

Den Teig zu einer Kugel formen und in einer leicht ausgemehlten Schüssel abgedeckt ca. 1 Stunde an einem warmen Ort gehen lassen.

Den Teig auf die leicht bemehlte Arbeitsfläche geben, lang ziehen und wieder zusammenfalten. Dies fünf- bis zehnmal wiederholen.

Einen schweren Guss- oder Emailletopf oder einen Bräter leicht mit Öl ausstreichen, dann dünn etwas Mehl darübersieben. Den Teig wieder zu einer Kugel formen und in die Mitte des Topfes legen. Mit etwas Wasser bepinseln und die Oberseite mit einem Messer kreuzförmig einritzen. Erneut etwas Mehl darübersieben und Deckel auf den Topf setzen.

Den Topf in den kalten Ofen stellen und den Ofen auf 240 °C aufheizen oder Holz einschüren.

Nach 1 Stunde Backzeit ist das Brot fertig. Lasst es kurz auf einem Ofengitter auskühlen. Wenn ihr die Kruste weicher haben wollt, wickelt bei Auskühlen ein Küchentuch um den Brotlaib.

TIPP

Natürlich könnt ihr das Brot auch klassisch und ohne Topf backen. Stellt dazu eine kleine, feuerfeste Schale mit Wasser in den Ofen und heizt ihn auf 220 °C vor. Formt den Brotlaib und lasst ihn abgedeckt noch mal 30 Minuten gehen. Dann bepinselt ihr ihn mit etwas Wasser, ritzt die Oberseite mit einem Messer kreuzförmig ein, siebt etwas Mehl auf den Laib und schiebt ihn mit einem Brett in den Ofen auf einen Backstein oder ein Backblech im unteren Einschub.

Den Ofen nach ca. 20 Minuten auf 180 °C herunterschalten oder nicht mehr nachschüren. Nach 1 Stunde ist das Brot fertig gebacken.

WESTALPEN-EXPEDITION

SKIDURCHQUERUNG DER DAUPHINÉ

DIE DAUPHINÉ WIRD WEGEN IHRER WILDEN UND SCHROFFEN FELSGRATE UND IHRER EINSAMEN, UNZUGÄNGLICHEN WILDNIS AUCH DAS KARAKORUM DER ALPEN GENANNT. IM SOMMER EIN TRAUMZIEL FÜR EXTREMKLETTERER, DIE SICH IN DEN SEHR ALPINEN ROUTEN IHRE WESTALPEN-SPOREN VERDIENEN WOLLEN. UNSER ZIEL WAR ES, EINE ÄUSSERST ANSPRUCHSVOLLE UND EINSAME FÜNFTÄGIGE SKI-DURCHQUERUNG DES GEBIETS ZU WAGEN. UNSER STARTPUNKT WAR DAS WELTBEKANNTE FREERIDE- UND EXTREMSKI-MEKKA VON LA GRAVE.

TAG 1

Von La Grave (1481 m) fahren wir in der antiquarischen Gondel Richtung dem Gipfel der Meije und gelangen zu unserem Startpunkt auf 3220 m.
Über den Glacier de la Girose, an drohenden Seracs führt unser Anstieg zum Col de la Girose (3518 m). Am sehr steilen Einstieg des Couloirs angekommen, wird uns langsam klar, wie anspruchsvoll die Tour wirklich ist, die wir ab hier vor uns haben werden.
In kurzer Abseilfahrt am Seil mit angeschnallten Skiern durch die Rinneneinfahrt geht es dann ohne Seil in ein gut 45 Grad steiles Kanonenrohr, das aber relativ gut befahrbar ist. Im Nachbartal angekommen steigen wir, wieder sehr steil, mit Pickel und Steigeisen zur Brèche du Rateâu (3255 m) auf. Nun folgen 1000 hm schöne Abfahrt, dann Ski tragen über einen ausgeaperten Sommerweg bis zum im Winter fast völlig isoliert liegenden, kleinen Bergsteigerdorf La Bérarde (1711 m).

TAG 2

Die köstliche Küche unserer Herberge hat uns gut gestärkt. Überbackene Polenta und geschmortes Rinderragout am Abend, ein reichhaltiges Frühstück am Morgen. Außerdem gab es hier die einzige, vor allem heiße Dusche der ganzen Tour. Bestens gelaunt geht es nach unserem Abschied gemütlich zum Refuge de Temple Écrins auf 2410 m. Hier wartet der kalte und einsame Winterraum der im Winter unbewirtschafteten Hütte auf uns. Für diese Etappe mussten wir extra zwei Kocher, Gas und Nahrungsmittel für fünf Personen in unseren Rucksäcken verstauen. Einfache und nahrhafte Küche steht auf dem Speiseplan. Zum Verringern des Gewichts haben wir vorher alle Zutaten einzeln in kleine Beutel verpackt.

TAG 3

In der Nacht hat sich ein tragfägiger Harschdeckel gebildet und so starten wir sehr früh im ersten Dämmerlicht. Zu groß ist uns heute die Gefahr der tageszeitlichen Erwärmung. An steilen Hängen mit teilweise absturzgefährdetem Gelände unter uns heißt es Ski tragen und in leichter Kletterei stapfen wir mit Steigeisen und Pickel zum Col du Temple (3322 m). Die Südrinne für die geplante Abfahrt war leider weitgehend ausgeapert. So mussten wir

heikle Stellen mit vielen losen Blöcken seilfrei überwinden. In Skischuhen und mit Skiern am Rucksack, das Ganze bis im oberen vierten Felsgrad, nicht gerade Genusskletterei. 300 hm nach unten. Nichts für schwache Nerven. Auf dem Glacier Noir angekommen geht es herrliche Hänge hinunter bis zum Refuge Cézanne (1874). Hier heißt es wieder anfellen und bis zum Refuge du Glacier Blanc (2550 m) aufsteigen. Gesamter Anstieg 1600 hm, die längste Tagesetappe unserer Runde ist geschafft.

TAG 4

Unsere geplante Tour zum Gipfel des Dôme du Neige des Ecrins (4015 m) müssen wir leider verwerfen. Am Refuge des Écrins geht es vorbei auf ein gigantisches Gletscherbecken. Wegen des Höhensturms mit bis zu 100 km/h Windgeschwindigkeit wählen wir einen kleineren Gipfel auf der windgeschütztehren Lee-Seite. Danach geht es zurück ins Refuge des Écrins, wo wir einen traumhaft schönen Sonnenuntergang erleben, der den Dôme in glutrotes Licht taucht und uns so wieder versöhnlich stimmt.

TAG 5

Vom Refuge des Écrins zu der anspruchsvollsten Schlüsselstelle am Übergang des Col Émile Pic. Dieser letzte Abschnitt hatte uns bereits in der Planungsphase Kopfzerbrechen bereitet. Hier wird eine Seillänge Mixed-Kletterei mit Pickel und Steigeisen an Stellen mit nahezu senkrechtem Fels gefordert. Selbst unser stärkster Kletterer im Team hat bei den widrigen, immer noch sehr stürmischen Bedingungen seine Mühe, im Vorstieg an den Stand zu gelangen. Doch nun ist der Weg frei und wir können dank ihm gut gesichert auch diese letzte Hürde überwinden. Nun folgt die Abfahrt über den steilen Hängegletscher Glacier de la Plate des Agneaux (2300 m), ein genussvoller Abschluss mit sehr sportlichem Skifahren bis in den Talgrund. Von hier heißt es bald wieder die Ski tragen und noch eine Stunde bis Villar -d'Arêne (1650 m) laufen.

FÜR 1 BROT

★ Holzofen ★ Winterpicknick

Fladenbrot

MIT SESAM UND SCHWARZKÜMMEL

DER HERRLICHE DUFT VON FRISCH GEBACKENEM BROT TREIBT SCHNELL ALLE LANGSCHLÄFER AUS DEN FEDERN. DAS FLADENBROT IST IM NU ZUBEREITET, SCHMECKT KÖSTLICH WÜRZIG UND PASST AUCH, ALS SANDWICH BELEGT, IN DEN RUCKSACK, WENN ES NACH DRAUSSEN GEHT.

1 PÄCKCHEN TROCKENHEFE
ODER ⅓ WÜRFEL FRISCHHEFE
1 TL ZUCKER
2 ½ TASSEN (250 G) MEHL
(TYPE 550, DINKELMEHL
ODER HELLES VOLLKORNMEHL)
½ TL SALZ
1 TL OLIVENÖL
1 EI
1 EL MILCH ODER WASSER
1 TL SCHWARZKÜMMEL
1 TL SESAMSAAT

Die Hefe mit dem Zucker und einem Schluck lauwarmem Wasser in einer Tasse anrühren und kurz gären lassen. Mehl mit Salz, der Hefemischung und dem Öl in eine Schüssel geben. Nach und nach etwa 125 ml lauwarmes Wasser dazugeben und alles zu einem geschmeidigen Teig verkneten. Abdecken und 30–45 Minuten an einem warmen Ort gehen lassen.

Den Teig noch mal kurz durchkneten und auf der bemehlten Arbeitsfläche zu flachen, gut handgroßen Fladen ausrollen. Das geht zur Not auch recht gut mit einer Weinflasche. Das Ei mit etwas Milch oder Wasser verquirlen und Fladen damit einstreichen. Mit den Fingern einige tiefe Mulden in die Fladen drücken und Schwarzkümmel und Sesam darüberstreuen. Die Fladen noch mal 20 Minuten gehen lassen. Währenddessen den Backofen auf 250 °C vorheizen. Die Fladen auf einem heißem Backstein oder Blech mit Backpapier etwa 8 Minuten backen, bis sie leicht goldbraun sind.

FÜR 4-6 SEMMELN

KALT GEGANGENE Semmeln

Der Duft von frischen Semmeln in der Früh ist einfach herrlich: Wenn ihr den Teig über Nacht gehen lasst, müsst ihr die Semmeln morgens nur noch backen und habt sie im Handumdrehen knusprig und warm auf dem Frühstückstisch stehen.

★ für morgen ★ Holzofen ★ Winterpicknick

½ TASSE (100 ML) MILCH, LAUWARM
1 TL ZUCKER
½ WÜRFEL FRISCHHEFE
ODER 1 BEUTEL TROCKENHEFE
2 ½ TASSEN (250 G) WEIZENMEHL,
TYPE 550, ODER HELLES DINKELMEHL
½ TL SALZ

OPTIONAL:
2 EL WALNUSSKERNE

PROBIERT DAS MAL:
AUF JE 2 SEMMELN ALS TOPPING:
SESAM, KÜRBISKERNE, KORIANDER- ODER
MOHNSAAT

Die lauwarme Milch mit derseben Menge lauwarmem Wasser und dem Zucker verrühren und die Hefe darin ganz auflösen. Kurz stehen lassen, bis sich kleine Bläschen bilden. Mehl und Salz mischen, die Hefemischung einrühren und in etwa 10 Minuten zu einem elastischen Teig verkneten. Wer Walnüsse verwenden will, zerbröselt sie grob mit den Händen und knetet sie unter. Den Teig abdecken und über Nacht (10–12 Stunden) im Kühlschrank gehen lassen.

Am nächsten Morgen den Teig in vier bis sechs Teile aufteilen, Semmeln formen und diese auf ein mit Backpapier belegtes (oder besser: auf ein mit etwas Grieß bestreutes) Backblech setzen. Je nach Geschmack 1–2 Teelöffel Topping darüberstreuen. Die Semmeln auf der mittleren Schiene in den kalten Ofen stellen und diesen jetzt auf 220 °C aufheizen oder Holz einschüren. Nach etwa 30 Minuten sind die Semmeln fertig und schön goldbraun.

FÜR 1 BROT

Pain Pailasse

Ein sehr leckeres, altes und wirklich einfaches Brotrezept.
Typisch für Pain Pailasse ist die lange, kalte Gärung. Es gelingt immer, schmeckt natürlich am besten aus dem Holzofen oder vom Backstein.

★ Holzofen ★ Winterpicknick

10 G FRISCHHEFE
550 G MEHL (TYPE 550 ODER 405)
2 TL SALZ

Die Hefe zerbröseln und mit Mehl und Salz in eine Schüssel geben. Nach und nach etwa 300 ml eiskaltes Wasser zugeben und alles zu einem geschmeidigen Teig verkneten. Abdecken und über Nacht im Kühlschrank ruhen lassen.

In der Früh den Ofen auf 240 °C vorheizen. Den Teig in zwei gleiche Teile schneiden und auf der bemehlten Arbeitsplatte zu zwei etwa 30 cm langen Baguettes formen. Diese zweimal eindrehen.

Eine ofenfeste Schale mit heißem Wasser in den Ofen stellen und die Teiglinge auf einem Backstein oder einem mit Backpapier belegtem Blech etwa 15 Minuten backen. Die Hitze auf 200 °C reduzieren und die Baguettes weitere 15 Minuten backen, bis sie leicht goldbraun sind.

TIPP

Gebt ganz nach eurem Geschmack auch mal getrocknete, klein geschnittene Tomaten, kleine Olivenstücke und Rosmarin in den Teig. Oder probiert es mit grob gehackten Walnusskernen als Teigzusatz.

Wintersmoothies

FÜR JE 2 GLÄSER

Diese Smoothies machen euch fit für den Winter und versorgen euch in der dunklen Jahreszeit mit reichlich Vitaminen und Mineralstoffen. Durch den besonderen Frischekick werden auch notorische Morgenmuffel zu gut gelaunten Wintergenießern werden.

★ schnell ★ Immunbooster

NIKOLAUSMÜTZE
ROTE BETE MIT SAHNEHÄUBCHEN

1 ROTE BETE, 1 BIRNE, 2 CM INGWER, 2 EL WALNUSSKERNE ODER WALNUSSÖL, 1 GLAS WASSER, 1 EL SCHLAGSAHNE ODER SAUERRAHM ALS TOPPING

SCHARFER HIRSCH
APFEL-BIRNE MIT FELDSALAT

1 APFEL, 1 BIRNE, 1 TASSE FELDSALAT, 1 PRISE CHILI, ½ TL OLIVENÖL, 1 GLAS WASSER

ALTER SCHWEDE
BLAUBEERE UND PREISELBEERE MIT JOGHURT

1 ½ TASSEN (200 G) BLAUBEEREN, 1 BANANE, 1 TL DUNKLER HONIG, 1 TL PREISELBEEREN, 1 KLEINER BECHER (150 G) JOGHURT, 1 GLAS WASSER

SCHNUPFENKILLER
HEISSE ORANGE, KAROTTE UND INGWER

2 KAROTTEN, SAFT VON 4 ORANGEN UND 1 ZITRONE, 2 CM INGWER, 1 PRISE KURKUMA, ½ TL OLIVENÖL, 2 TL HONIG, 1 GLAS HEISSES WASSER

Die rohen Zutaten waschen, ggf. schälen und in kleine Stücke schneiden. Mit den restlichen Zutaten im Mixer sehr fein pürieren, dabei das Wasser langsam einlaufen lassen. Auf zwei Gläser verteilen und sofort genießen.

MIT DIESEM DEFTIGEN FRÜHSTÜCK KOMMT IMMER ECHTES HÜTTENFEELING AUF, EGAL OB ZU HAUSE ODER UNTERWEGS. AM BESTEN WIRD ES IN EINER SCHWEREN GUSS- ODER EMAILLEPFANNE SERVIERT, AUS DER MAN GEMEINSAM ISST. DAZU SERVIERT IHR HERZHAFTES BAUERNBROT MIT DICK BUTTER.

Hüttenpfanne

FÜR 2 PORTIONEN

★ schnell ★ vegetarisch ★ Energie

2-3 MITTELGROSSE, VORGEKOCHTE KARTOFFELN (VOM VORTAG)
2 EL OLIVENÖL
1 KLEINE WEISSE ODER ROTE ZWIEBEL
½ BUND SCHNITTLAUCH UND/ ODER LAUCHZWIEBELN
½ EL BUTTER
2 EIER
SALZ UND PFEFFER
½ BUND PETERSILIE, GEHACKT

OPTIONAL:
SPECKWÜRFEL, OLIVEN, TOMATENWÜRFEL

Die Kartoffeln schälen, in Scheiben schneiden und in dem Olivenöl in einer Pfanne goldbraun rösten. Wer mag, gibt jetzt den gewürfelten Speck dazu. Die Zwiebel abziehen, würfeln oder in Streifen schneiden und zu den Kartoffeln geben. Schnittlauch und/ oder Lauchzwiebeln in Ringe schneiden und ebenfalls mitrösten. Die Butter in die Pfanne geben und unterrühren, dann die Eier verquirlen und dazugeben. Tomaten und Oliven, falls verwendet, einrühren. Mit Salz (Vorsicht, Speck ist salzig!) und reichlich Pfeffer würzen und mit gehackter Petersilie bestreuen.

Wer es scharf möchte, gibt ordentlich Sriracha-Sauce darüber.

Langschläferfrühstück

Wenn ihr einfach nur mal richtig ausschlafen wollt, wenn das Wetter oder die Lawinenbedingungen mal nicht mitspielen, dann ist es Zeit für einen echten „down day“, einen gemütlichen Hüttentag. Und der beginnt natürlich mit einem reich gedeckten Tisch und einem richtig ausgiebigen Frühstück.

FÜR JE 2 PORTIONEN

★ schnell ★ Winterpicknick

BLAUBEER-PANCAKES

2 TASSEN (200 G) (DINKEL-)MEHL
2 EL ROHRZUCKER
1 PRISE SALZ
½ PÄCKCHEN BACKPULVER
1 ½ TASSEN MILCH
2 EIER
4 EL SONNENBLUMENÖL
1 SCHALE BLAUBEEREN
4 EL SAUERRAHM
½ TL VANILLEZUCKER

Mehl, Zucker, Salz und Backpulver in einer Schüssel mischen und mit einem Teil der Milch glatt rühren, damit keine Klümpchen entstehen. Dann restliche Milch, Eier und Öl einrühren. Eine kleine, beschichtete Pfanne mit Öl ausreiben und etwa 1 cm dicke Pancakes ausbacken. Dabei jeweils kurz vor dem ersten Wenden ein paar Blaubeeren über die Pancakes streuen. Sauerrahm mit Vanillezucker anrühren und die Pancakes damit servieren. Alternativ etwas Honig oder Ahornsirup verwenden.

VARIANTEN

KARAMELLISIERTE BIRNEN-PANCAKES:
Vor dem Ausbacken Birnenspalten mit etwas Rohrzucker in der Pfanne karamellisieren, dann den Teig darüberschöpfen.

BUTTERMILCH-PANCAKES MIT PREISELBEEREN:
Die Hälfte der Milch durch Buttermilch ersetzen, Pancakes nach dem Backen mit Puderzucker bestäuben und mit eingelegten Preiselbeeren servieren.

★ deluxe ★ Energie

RÖSTI MIT RÄUCHERLACHS

4 GROSSE, FESTKOCHENDE KARTOFFELN
½ ZWIEBEL
SALZ UND PFEFFER
4 EL PFLANZENÖL
4 SCHEIBEN RÄUCHERLACHS
2 EL SAUERRAHM
½ BUND SCHNITTLAUCH

Die Kartoffeln schälen und mit einer groben Reibe aufraffeln. Die Masse in einem Sieb gut ausdrücken. Die Zwiebel abziehen, fein hacken und unter die Röstimasse mischen. Mit Salz und Pfeffer würzen. Eine kleine, beschichtete Pfanne oder Gusspfanne gut heiß werden lassen und 2 Esslöffel Öl hineingegeben. Die Hälfte der Masse in der Pfanne verteilen und leicht andrücken. Bei mittlerer Hitze backen, bis die Unterseite schön goldbraun ist, dann vorsichtig wenden. Ist die zweite Seite fertig, die Rösti kurz auf Küchenpapier abtropfen lassen und warm stellen. Die zweite Rösti ebenso zubereiten. Die Rösti auf Tellern anrichten, den Räucherlachs dazulegen und mit Sauerrahm und Schnittlauch garnieren.

RÖSTI-VARIANTEN

SÜSSKARTOFFEL-INGWER:
Die Rösti aus 2 Süßkartoffeln und 1 kleinem Stück Ingwer herstellen. Dazu passt Ziegenkäse und Honig.

SPECK UND SPIEGELEI:
2 Esslöffel Speckwürfel in die Masse mischen. Nach dem Ausbacken auf jede Rösti ein Spiegelei setzen.

BERGKÄSE UND NÜSSE:
½ Tasse geriebenen Bergkäse und 2 Esslöffel gehackte Walnüsse in die Masse geben. Rösti mit Schnittlauch garnieren.

APFEL UND ZIMT:
1 geschälten Apfel mit in die Kartoffelmasse reiben und die fertigen Rösti mit Zimtzucker bestreuen und mit Sauerrahm oder Joghurt garnieren.

THERMOSKANNEN
GERICHTE

THERMOSKANNEN GERICHTE

EGAL OB ALS VERPFLEGUNG FÜR ABENTEUER WEIT ABSEITS DER ZIVILISATION ODER AUS DEM WUNSCH HERAUS, ÜBERTEUERTE SKIHÜTTEN MIT FERTIGGERICHTANGEBOTEN VON OFT MINDERWERTIGER QUALITÄT ZU MEIDEN: THERMOSKANNENGERICHTE LASSEN SICH OPTIMAL VORBEREITEN, WÄRMEN KÖRPER UND SEELE AN EINEM KALTEN WINTERTAG UND MACHEN EINFACH RICHTIG GLÜCKLICH. NATÜRLICH KÖNNT IHR DIESE HERRLICHEN SUPPEN UND EINTÖPFE AUCH EINFACH ZU HAUSE VOR DEM WARMEN OFEN GENIESSEN!

TIPP

TOPPINGS UND EINLAGEN GESONDERT IN KLEINEN BOXEN VERPACKEN. SO WEICHEN SIE NICHT AUF, UND IHR HABT DRAUSSEN DIE VOLLE GENUSSGARANTIE. GIESST AM BESTEN KOCHEND HEISSES WASSER IN DIE THERMOSKANNE, KIPPT ES NACH 1–2 MINUTEN WIEDER AUS UND FÜLLT DANN ERST DIE SUPPE EIN. SO BLEIBEN DIE GERICHTE NOCH LÄNGER HEISS!

KAROTTEN-INGWER-SUPPE SEITE 82
MEERRETTICHSUPPE SEITE 83
POT-AU-FEU MIT HUHN SEITE 84
STÜCKIGER KARTOFFELEINTOPF SEITE 87
KÜRBISCREMESUPPE SEITE 88
FRISCHE ERBSENSUPPE SEITE 91
SÜSSKARTOFFELSUPPE MIT CHILI SEITE 92
BROTSUPPE MIT BIER SEITE 98
FRITTATENSUPPE SEITE 100
GERSTENGRAUPEN-EINTOPF SEITE 102
SUPPENEINLAGEN UND TOPPINGS SEITE 104 – 107

★ *vegetarisch* ★ *Immunbooster* ★ *Winterpicknick*

Diese herrliche asiatische Suppe wärmt von außen und von innen. Sie ist an Tagen mit richtigem Schmuddelwetter die ultimative Stärkung für euer Immunsystem.

Karotten-Ingwer-Suppe
MIT HONIG

FÜR 2 PORTIONEN

1 MITTELGROSSE ZWIEBEL
1–2 KNOBLAUCHZEHEN
6–8 KAROTTEN
1 DAUMENGROSSES STÜCK INGWER
JE 1 EL ERDNUSS- UND SESAMÖL
1 EL CURRYPULVER (ODER ½ EL CURRY UND ½ EL KURKUMA)
1–2 EL HONIG
1 DOSE KOKOSMILCH (400 ML)
500 ML GEMÜSEBRÜHE
SALZ UND PFEFFER

OPTIONAL:
½ BUND PETERSILIE ODER KORIANDERGRÜN,
2 LIMETTENBLÄTTER, EINIGE FRISCHE CHILISCHOTEN

Zwiebel und Knoblauch abziehen und fein hacken. Die Karotten schälen und in Scheiben schneiden, den Ingwer schälen und fein hacken. Wer es schärfer möchte, schneidet jetzt ein paar Chilis in feine Streifen. Das Öl in einem hohen Topf erhitzen, das Gemüse darin anschwitzen. Curry und Honig einrühren. Mit der Brühe ablöschen und einen Deckel aufsetzen. Bei mittlerer Hitze köcheln lassen, bis die Karotten weich sind, dann die Suppe mit dem Pürierstab fein durchmixen. Haltet den Topf dabei leicht schräg, dann spritzt es nicht und die ungemixten Stücke sammeln sich in der unteren Ecke, wo ihr sie leicht mit dem Pürierstab erwischt. Wer möchte, gibt jetzt die Limettenblätter zu. Dann die Kokosmilch zugießen, mit Salz und Pfeffer abschmecken und die Suppe noch mal kurz aufkochen.

Zum Servieren gehackte Kräuter auf die Suppe geben. Dazu schmecken Hähnchen-Satés oder gegrillte Gambas besonders lecker.

★ wärmt ★ Winterpicknick

Meerrettichsuppe

FÜR 2 PORTIONEN

1 MITTELGROSSE ZWIEBEL
1 KNOBLAUCHZEHE
1 MEHLIGKOCHENDE KARTOFFEL ODER 1 EL MEHL
1 HANDVOLL GEWÜRFELTES WEISSES WURZELGEMÜSE (SELLERIE, PASTINAKE ETC.)
2 EL SONNENBLUMENÖL (ODER FEINER: 2 EL BUTTER)
½ GLAS WEISSWEIN
500 ML RINDERBRÜHE (SEITE 188, ALTERNATIV FERTIGE BIO-GEMÜSEBRÜHE)
1 BECHER SAHNE (200 G)
SALZ UND PFEFFER
½ FRISCHE MEERRETTICHWURZEL
GEHACKTE KRÄUTER ZUM GARNIEREN

Zwiebel und Knoblauch abziehen und fein hacken. Die Kartoffel schälen und in feine Stücke schneiden. Öl oder Butter in einem Topf erhitzen und das Gemüse darin anschwitzen. Wer Mehl statt der Kartoffel für die Bindung verwendet, stäubt das jetzt darüber. Mit Wein und Brühe ablöschen und einen Deckel aufsetzen. Bei mittlerer Hitze köcheln lassen, bis das Gemüse weich ist, dann die Suppe mit dem Pürierstab fein durchmixen. Die Sahne einrühren und alles kräftig mit Salz und Pfeffer abschmecken. Den Meerrettich schälen und fein reiben. Kurz vor dem Servieren, je nach Geschmack, etwa 1 Handvoll einmixen.

Zum Servieren gehackte Kräuter und etwas geriebenen Meerrettich auf die Suppe geben. Dazu schmecken besonders die Bergkäse-Croûtons (Seite 105).

TIPP

Haltet den Topf beim Mixen leicht schräg, dann spritzt es nicht und die ungemixten Stücke sammeln sich in der unteren Ecke, wo ihr sie leicht mit dem Pürierstab erwischt.

★ deluxe ★ Holzofen ★ Slow Food

Pot-au-feu

MIT HUHN

FÜR 2 PORTIONEN

2 HÄHNCHENKEULEN
SALZ UND PFEFFER
6 SCHALOTTEN
2 KNOBLAUCHZEHEN
300 G KLEINE KARTOFFELN (Z.B. DRILLINGE)
1 ROTE PAPRIKASCHOTE
1 ZUCCHINI
½ FENCHELKNOLLE
3 TOMATEN
2 EL OLIVENÖL
JE 2 ZWEIGE ROSMARIN UND THYMIAN
1 GLAS WEISSWEIN
500 ML BIO-GEMÜSEBRÜHE ODER RINDERBRÜHE
1 KLEINE CHILISCHOTE
½ BUND PETERSILIE

Den Backofen auf 200 °C vorheizen. Die Hähnchenkeulen mit Küchenkrepp abtupfen und mit Salz und Pfeffer würzen. Schalotten abziehen und in Ringe schneiden, Knoblauchzehen abziehen und fein hacken. Die Kartoffeln waschen und in Würfel schneiden, die Paprikaschote entkernen, waschen und in Streifen schneiden. Das übrige Gemüse waschen und in Stücke schneiden. Das Öl in einer Kasserolle mit Deckel erhitzen und die Hähnchenkeulen darin kräftig von allen Seiten anbraten. Herausnehmen und beiseitestellen. Nun Schalotten und Knoblauch im heißen Öl anschwitzen. Das Gemüse sowie Rosmarin und Thymian zugeben, kurz anschwitzen, dann mit Weißwein und Brühe ablöschen. Die Hähnchenkeulen zurück in die Kasserolle geben, die Chilischote dazugeben und alles kräftig mit Salz und Pfeffer würzen. Einen Deckel aufsetzen und den Pot-au-Feu im Ofen schmoren, bis die Hähnchenkeulen durch sind (etwa 35 Minuten). Die Hähnchenkeulen herausnehmen und auf einem Teller noch einige Minuten in den heißen Ofen stellen, dann werden sie wieder knusprig.

Zum Servieren mit gehackter Petersilie garnieren (ein zusätzlicher Klecks Sauerrahm, ein paar Croûtons oder zwei, drei Teelöffel Pesto passen auch recht gut). Wer das Gericht mit nach draußen nimmt, löst die Hähnchenkeulen aus und schneidet das Fleisch in kleine Stücke.

★ Energie ★ Winterpicknick

STÜCKIGER Kartoffeleintopf

DIESER EINTOPF GEHÖRT ZU MEINEN FAVORITEN FÜR DIE THERMOSKANNE.

FÜR 2 PORTIONEN

5 MITTELGROSSE, VORWIEGEND FESTKOCHENDE KARTOFFELN
2–3 SCHALOTTEN
1 KNOBLAUCHZEHE
1 STANGE LAUCH
1 EL SONNENBLUMENÖL ODER BUTTER
½ EL GETROCKNETER ODER 1 EL FRISCHER GEHACKTER OREGANO
½ TL KURKUMA
500 ML GEMÜSE- ODER RINDERBRÜHE
SALZ UND PFEFFER
½ BECHER SAUERRAHM
1 BUND PETERSILIE

Die Kartoffeln schälen, drei in große, zwei in kleine Würfel schneiden. Schalotten und Knoblauch abziehen und fein hacken. Den Lauch gründlich waschen, das Grüne klein würfeln, den Rest grob zerschneiden. Das Öl in einem hohen Topf erhitzen und Zwiebeln, Schalotten und den grob geschnittenen Lauch darin anschwitzen. Dann die grob gewürfelten Kartoffeln, Oregano und Kurkuma zugeben. Mit der Brühe ablöschen, mit Salz und Pfeffer würzen und einen Deckel aufsetzen. Bei mittlerer Hitze köcheln lassen, bis die Kartoffeln weich sind. Die Hälfte des Sauerrahms zugeben, dann den Eintopf mit dem Pürierstab fein durchmixen. Die restlichen Kartoffelwürfel kurz im Eintopf weich köcheln, zum Schluss den klein gewürfelten Lauch zugeben. Die Petersilie hacken und die Hälfte in den Eintopf rühren.

Zum Servieren je einen Klecks Sauerrahm auf den Eintopf geben und die übrige gehackte Petersilie darüber verteilen. Wer den Eintopf mit nach draußen nimmt, mischt natürlich alles vor dem Abfüllen zusammen.

Am besten passt dazu eine Scheibe dunkles Bauernbrot, z. B. das von Seite 60. Eure Lieblingssuppeneinlage von Seite 105–107 darf auch mit hinein. Mir schmecken die Bergkäse-Croûtons besonders gut, die ich zusammen mit ein paar feinen Speckwüfeln brate und damit noch einen knusprigen Kick hineinbringe. Auch einige Streifen Räucherlachs oder gebratene Salsiccia machen sich im Eintopf super.

★ vegetarisch ★ Immunbooster ★ Weihnachten

Kürbiscremesuppe

EIN ECHTER HERBST- UND WINTERKLASSIKER. GEHT SCHNELL, IST GESUND UND SCHMECKT IMMER. FÜR EINE SCHÖNE FARBE UND STRESSFREIE ZUBEREITUNG VERWENDE ICH GERNE HOKKAIDOKÜRBIS. DEN KÖNNT IHR SAMT DER SCHALE VERARBEITEN. TOLL IM GESCHMACK SIND AUCH MUSKAT- ODER BUTTERNUSSKÜRBISSE, DIE SOLLTET IHR ABER SCHÄLEN.

FÜR *4 PORTIONEN*

1 HOKKAIDOKÜRBIS (600–800 G)
½ ZWIEBEL
1–2 KNOBLAUCHZEHEN
1 DAUMENGROSSES STÜCK INGWER
2 EL NEUTRALES ÖL
½ GLAS WEISSWEIN
500 ML GEMÜSEBRÜHE
1 BECHER SAHNE (200 G)
½ TL KORIANDERSAAT, GANZ ODER GEMAHLEN
SALZ UND PFEFFER
EINIGE KÜRBISKERNE UND KERNÖL ALS TOPPING

OPTIONAL:
½ BUND PETERSILIE,
FRISCHE CHILISCHOTEN

Den Kürbis waschen, halbieren und die Kerne mit einem Löffel ausschaben. Dann die Hälften grob würfeln. Zwiebel und Knoblauch abziehen und fein hacken, den Ingwer schälen und ebenfalls hacken. Wer es schärfer möchte, schneidet jetzt ein paar Chilis in feine Streifen. Das Öl in einem hohen Topf erhitzen und Zwiebel, Knoblauch und Ingwer darin anschwitzen, dann die Kürbiswürfel dazugeben und kurz mitschwitzen. Mit Weißwein ablöschen, die Brühe aufgießen und einen Deckel aufsetzen. Bei mittlerer Hitze köcheln lassen, bis der Kürbis weich ist, dann die Suppe mit dem Pürierstab fein durchmixen.

Die Sahne einrühren und alles kräftig mit Salz und Pfeffer abschmecken. Noch mal kurz aufkochen und ggf. noch etwas Brühe zugießen, bis die gewünschte Konsistenz erreicht ist.

Zum Servieren die Kürbiskerne mit 1 Prise Salz trocken anrösten und mit der gehackten Petersilie und ein paar Tropfen Kernöl auf die Suppe geben. Besonders dekorativ sieht ein Klecks Schlagsahne auf der Suppe aus, die dann langsam zerläuft.

TIPP

Pürierte Suppen immer erst ganz am Schluss mit etwas Brühe verdünnen. Gebt ihr am Anfang zu viel Flüssigkeit zu, wird die Suppe nicht so schön cremig.

Erst am Schluss nachsalzen. Wenn ihr zuvor zu viel Salz in der Suppe habt, müsst Ihr sie verdünnen und sie wird dann auch meist zu flüssig.

★ schnell ★ Immunbooster ★ Winterpicknick

DER KULTIGE HÜTTENKLASSIKER ERWACHT ZU NEUEM LEBEN. MIT SO VIEL FINESSE SCHMECKT DIE ERBSENSUPPE HERRLICH FRISCH UND MACHT DABEI DIE ATEMWEGE WIEDER FREI.

FRISCHE Erbsensuppe MIT EI UND WURST

FÜR 4 PORTIONEN

2 EIER
2 KLEINE WÜRSTE, Z.B. WIENER
1 MITTELGROSSE ZWIEBEL
1 EL BUTTER
500 G TK-ERBSEN
300 ML GEMÜSEBRÜHE
½ BIO-ZITRONE
½ BUND MINZE
1 BUND PETERSILIE
1 PRISE CAYENNEPFEFFER
SALZ UND PFEFFER
½ BECHER GRIECHISCHER NATURJOGHURT
GROB GEMAHLENER SCHWARZER PFEFFER

Die Eier in etwa 8 Minuten hart kochen, abschrecken, pellen und würfeln. Die Wiener im heißen Eierwasser ziehen lassen, dabei nicht kochen, da sie sonst platzen! Inzwischen die Zwiebel abziehen und mit der Butter in einem großen Topf anschwitzen. Die Erbsen kurz mit anschwitzen, dann die Brühe zugießen. Zum Kochen bringen und bei mittlerer Hitze 6–8 Minuten köcheln lassen. Die Zitrone waschen, die Schale fein abreiben und die Frucht auspressen. Die Kräuter hacken (einige Minzeblätter für die Garnitur aufbewahren), in die Suppe geben und sofort mit dem Pürierstab fein zerkleinern. Die Suppe mit Cayennepfeffer, Salz und Pfeffer und abschmecken. Den Joghurt mit dem Zitronensaft glatt rühren. Die Wiener in Scheiben schneiden und in Schalen oder tiefe Teller verteilen, heiße Suppe aufgießen. Den Joghurt leicht mit einem Löffel einrühren und die Suppe mit gewürfeltem Ei, etwas Zitronenabrieb, Minzeblättern und frischem, grob gemahlenem Pfeffer garnieren.

VEGETARISCHE VARIANTE:

Statt Wurst gebratene Haloumi-Würfel und geröstete, zerkleinerte Walnüsse als Einlage verwenden.

DEFTIGERE VARIANTE:

Klein gewürfelte Kartoffeln in der Suppe gar kochen, ein paar ganze Erbsen als Einlage dazugeben und 1 Esslöffel knusprig gebratene Speckwürfel über jede Portion streuen.

★ wärmt ★ vegetarisch

Süßkartoffelsuppe
MIT CHILI

DIESES FEURIGE VERGNÜGEN HAT EINEN LEICHT ASIATISCHEN TOUCH, WÄRMT SCHÖN VON INNEN UND MACHT DIE MÜDEN BEINE GARANTIERT WIEDER MUNTER.

ZUTATEN

FÜR 2 PORTIONEN

3 MITTELGROSSE SÜSSKARTOFFELN
1 MITTELGROSSE ZWIEBEL
1–2 KNOBLAUCHZEHEN
1–2 FRISCHE CHILISCHOTEN MIT FRUCHTIGER SCHÄRFE, Z.B. PEPPERONCINI, AJI DULCE ODER JALAPEÑO
JE 1 EL ERDNUSS- UND SESAMÖL (ERSATZWEISE SONNENBLUMENÖL)
500 ML GEMÜSEBRÜHE
1 BIO-LIMETTE
1 DOSE KOKOSMILCH (400 ML)
SALZ UND PFEFFER
2 EL SAUERRAHM
½ BUND KORIANDERGRÜN, GEHACKT

ZUBEREITUNG

Die Süßkartoffeln schälen und in kleine Stücke schneiden. Zwiebel und Knoblauch abziehen und fein würfeln. Die Chilis waschen und in feine Streifen schneiden (wer es nicht zu scharf mag, kratzt die Kerne heraus). Das Öl in einem hohen Topf erhitzen und Zwiebel, Knoblauch und Chili darin anschwitzen. Drei Viertel der Süßkartoffeln zugeben, mit der Brühe ablöschen und einen Deckel aufsetzen. Bei mittlerer Hitze köcheln lassen, bis die Kartoffeln weich sind. Die Suppe mit dem Pürierstab fein durchmixen, dann die restlichen Süßkartoffeln dazugeben und köcheln lassen, bis sie noch leicht bissfest sind.

Die Limette waschen, die Schale abreiben, dann den Saft auspressen. Die Kokosmilch in den Topf geben und die Suppe mit Salz und Pfeffer abschmecken. Noch mal kurz aufkochen, dann den Limettensaft einrühren.

Zum Servieren den Sauerrahm mit der Limettenschale verrühren und als Klecks mit dem gehackten Koriander auf die Suppe geben. Dazu passt perfekt das Fladenbrot mit Schwarzkümmel und Sesam von Seite 67.

★ schnell ★ Energie

Brotsuppe

MIT BIER

DIESE HERRLICH EINFACHE UND TROTZDEM KÖSTLICHE SUPPE HAT BEREITS MEINE GROSSMUTTER AUFGETISCHT. SIE EIGNET SICH GUT ZUM VERWERTEN VON BROTRESTEN UND GIBT REICHLICH KRAFT FÜR DIE NÄCHSTE SCHNEEBALLSCHLACHT.

FÜR 4 PORTIONEN

1 MITTELGROSSE WEISSE ZWIEBEL
1 KNOBLAUCHZEHE
200 G ALTBACKENES BROT, AM BESTEN DUNKLES, WÜRZIGES BAUERNBROT
2 REIFE TOMATEN
2 EL SONNENBLUMENÖL (ODER FEINER: 2 EL BUTTER)
250 ML BIER (HELLES, DUNKLES ODER WEIZEN, JE NACH GESCHMACK), DEN REST ZUM KOCHEN TRINKEN
750 ML RINDERBRÜHE (SEITE 188, ALTERNATIV FERTIGE BIO-GEMÜSEBRÜHE)
100 G SAHNE
FEIN GEHACKTE GEMISCHTE KRÄUTER, WIE SCHNITTLAUCH, PETERSILIE UND MAJORAN
SALZ UND PFEFFER

Zwiebel und Knoblauch abziehen und in feine Stücke schneiden. Brot und Tomaten in Würfel schneiden. Öl oder Butter in einem Topf erhitzen, Zwiebeln und Knoblauch darin anschwitzen, Brot und Tomaten zugeben und einige Minuten anrösten. Bier und Brühe zugießen und alles etwa 10 Minuten köcheln lassen. Den Topfinhalt mit einem Kartoffelstampfer zerdrücken oder mit dem Kochlöffel so lange kräftig rühren, bis die Suppe schön sämig ist. Sahne und Kräuter zugeben und die Suppe mit Salz und Pfeffer abschmecken. Wer möchte, reibt noch eine Prise Muskat hinein.

Zum Servieren ein paar gehackte Kräuter darüberstreuen.

Kugelreiter
SOLINGEN-ROSTFREI

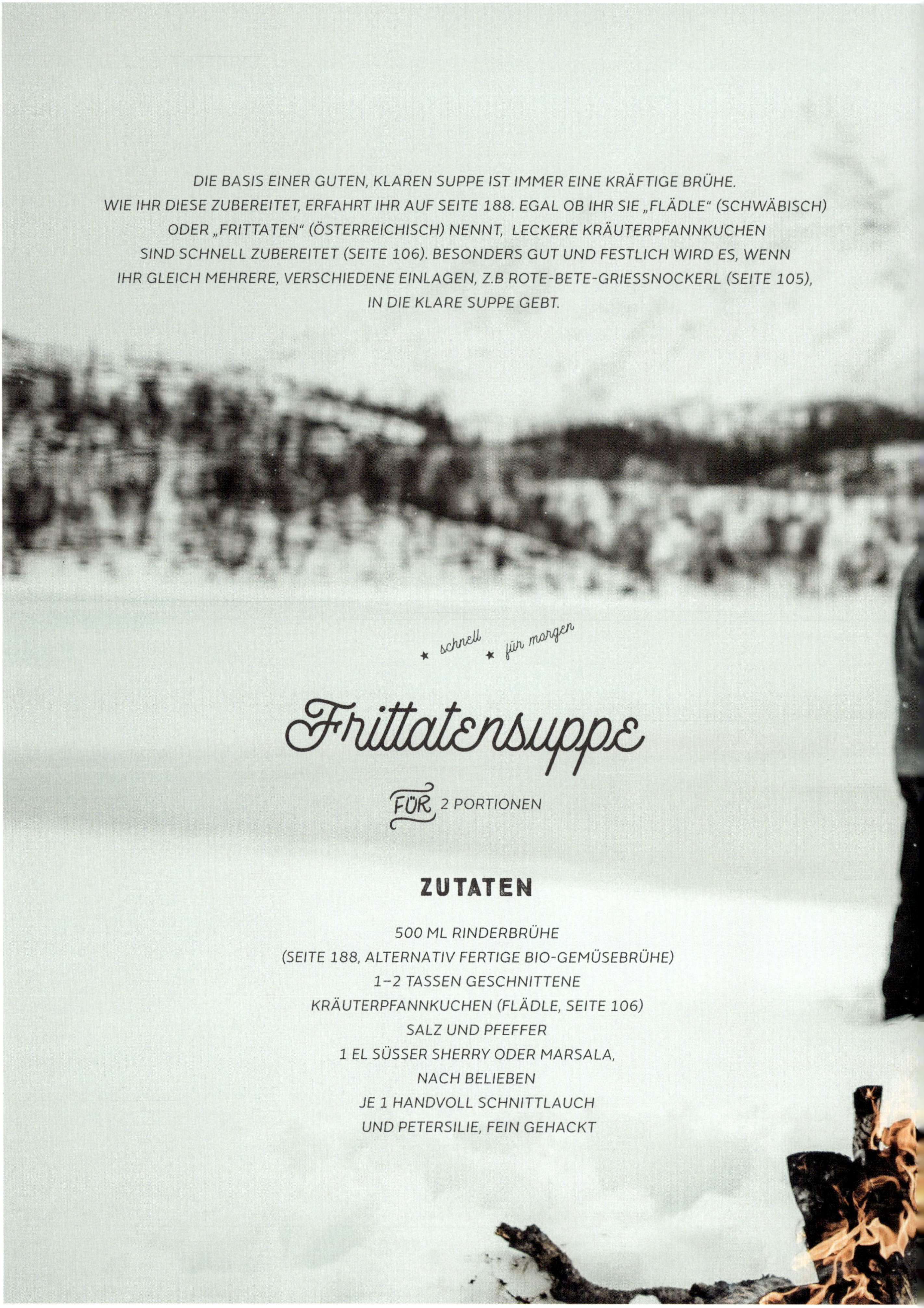

DIE BASIS EINER GUTEN, KLAREN SUPPE IST IMMER EINE KRÄFTIGE BRÜHE. WIE IHR DIESE ZUBEREITET, ERFAHRT IHR AUF SEITE 188. EGAL OB IHR SIE „FLÄDLE“ (SCHWÄBISCH) ODER „FRITTATEN“ (ÖSTERREICHISCH) NENNT, LECKERE KRÄUTERPFANNKUCHEN SIND SCHNELL ZUBEREITET (SEITE 106). BESONDERS GUT UND FESTLICH WIRD ES, WENN IHR GLEICH MEHRERE, VERSCHIEDENE EINLAGEN, Z.B ROTE-BETE-GRIESSNOCKERL (SEITE 105), IN DIE KLARE SUPPE GEBT.

★ schnell ★ für morgen

Frittatensuppe

FÜR 2 PORTIONEN

ZUTATEN

500 ML RINDERBRÜHE
(SEITE 188, ALTERNATIV FERTIGE BIO-GEMÜSEBRÜHE)
1–2 TASSEN GESCHNITTENE
KRÄUTERPFANNKUCHEN (FLÄDLE, SEITE 106)
SALZ UND PFEFFER
1 EL SÜSSER SHERRY ODER MARSALA,
NACH BELIEBEN
JE 1 HANDVOLL SCHNITTLAUCH
UND PETERSILIE, FEIN GEHACKT

ZUBEREITUNG

Die Kräuterpfannkuchen aufrollen und in feine Streifen schneiden. Die Frittaten ein paar Minuten in der heißen Brühe ziehen lassen, salzen und pfeffern und nach Geschmack den Sherry zugeben. Die Suppe auf Teller verteilen und mit frisch gehackten Kräutern servieren.

★ deluxe

VARIANTE

Bestellt bei eurem Metzger 250 g Kalbsbrät und streicht es dünn auf den Kräuterpfannkuchen aus. Die Pfannkuchen aurollen, dann fest in Frischhaltefolie und anschließend in Alufolie einwickeln und die Enden verschließen (wie Bonbons). Etwa 15 Minuten in leicht siedendem Wasser ziehen lassen. Herausnehmen, auskühlen lassen und im Kühlschrank aufbewahren. Bei Bedarf ein Päckchen öffnen und den Brätpfannkuchen in Streifen schneiden. Eine herrliche Einlage für besondere Anlässe!

★ für morgen ★ Energie

Gerstengraupen-Eintopf

GRAUPEN SIND ZU UNRECHT ETWAS IN VERGESSENHEIT GERATEN. SIE SIND EIN VORZÜGLICHES GETREIDE, DAS MAN ÄHNLICH WIE RISOTTOREIS ZUBEREITEN KANN. SIE SIND LEICHT VERDAULICH, REICH AN KOHLENHYDRATEN UND MACHEN LANGE SATT.

ZUTATEN

FÜR 2 PORTIONEN

2 VORW. FESTK. KARTOFFELN
2 KAROTTEN
½ STANGE LAUCH
½ ZWIEBEL
75 G TK-ERBSEN ODER 2 STÄNGEL GRÜNKOHL
100 G GERSTENGRAUPEN (PERLGRAUPEN)
2 EL OLIVEN- ODER RAPSÖL
500–600 ML RINDER- ODER BIO-GEMÜSEBRÜHE
1 LORBEERBLATT
1 DICKE SCHEIBE GERÄUCHERTES KASSLER
SALZ UND PFEFFER
½ BUND PETERSILIE, GEHACKT

ZUBEREITUNG

Kartoffeln und Karotten schälen und in etwa 1 cm große Würfel schneiden. Den Lauch waschen und in Ringe schneiden, die Zwiebel abziehen und fein würfeln. Den Grünkohl, falls verwendet, putzen und grob hacken. Die Graupen in einem Sieb gründlich abspülen. Das Öl in einem großen Topf erhitzen und die Zwiebelwürfel darin glasig anschwitzen. Die Graupen zugeben, dann die Brühe aufgießen und das Lorbeerblatt zugeben. Aufkochen und bei schwacher Hitze 15 Minuten köcheln lassen, dabei das Gemüse nacheinander zugeben (die Kartoffeln zuerst, den Lauch zuletzt), bis Graupen und Kartoffeln weich sind. Das Kassler in Rauten schneiden und im Eintopf heiß werden lassen. Mit Salz und Pfeffer abschmecken und mit Petersilie bestreuen.

VEGETARISCHE VARIANTE:

Vegetarische Variante: Versucht unbedingt mal geräucherten, in Würfel geschnitten Tofu!

DEFTIGERE VARIANTE:

Zusätzlich gebratene Wurststücke, z.B. Chorizo, Merguez, zugeben.

Suppeneinlagen und Toppings

Hier findetihr leckere Einlagen und Toppings zum schnellen Veredeln eurer Suppen und Eintöpfe. Je nachdem, ob ihr zu Hause oder in der Hütte am Kachelofen esst oder eure Suppe für unterwegs in die Thermoskanne abfüllt, wählt aus, was euch am besten gefällt.

BERGKÄSE-CROÛTONS

2 SCHEIBEN BERGBAUERNBROT (ODER ANDERES DUNKLES BROT) VOM VORTAG
4 EL BUTTERSCHMALZ ODER PFLANZENÖL
2 EL GERIEBENER BERGKÄSE
SALZ UND PFEFFER

Brotscheiben evtl. entrinden und in Würfel schneiden. Eine gusseiserne oder beschichtete Pfanne heiß werden lassen, Schmalz oder Öl und die Brotwürfel hineingeben und durchschwenken. Mit Salz und etwas Pfeffer würzen, und wenn die Croûtons anfangen zu bräunen den Bergkäse zugeben, bis dieser schmilzt. Auf Küchenkrepp abtropfen lassen. Die Croûtons vollständig auskühlen lassen und in eine Dose verpacken oder gleich servieren.

Passt z.B. zur Meerrettichsuppe (Seite 83) oder zum Stückigen Kartoffeleintopf (Seite 87).

ROTE-BETE-GRIESSNOCKERL
MIT GERÖSTETEN WALNÜSSEN

3 EL ROTE BETE IM GLAS, 1 EL SAHNE, 2 EL WALNÜSSE
30 G BUTTER (ZIMMERWARM), 1 EI (ZIMMERWARM), SALZ UND MUSKAT
90 G HARTWEIZENGRIESS

Rote Bete und Sahne in einem Becher fein aufmixen. Die Walnüsse trocken in einer Pfanne anrösten und fein hacken oder reiben. Butter, Ei, Salz und 1 Prise Muskat schaumig schlagen, das Rote-Bete-Püree und die Walnüsse zugeben und nach und nach den Grieß einrühren. Die Masse kurz ruhen lassen. 1 Liter Wasser in einem Topf aufkochen und leicht salzen. Eine Tasse kaltes Wasser mit zwei Teelöffeln bereitstellen. Mit nassen Löffeln Nocken aus der Grießmasse formen und in das kochende Salzwasser gleiten lassen. Die Hitze reduzieren. Wenn alle Nocken oben schwimmen, den Topf vom Herd nehmen und die Nocken 5-10 Minuten nachziehen lassen. Entweder gleich servieren oder in kaltem Wasser mit etwas Salz abschrecken und kühl stellen.

Passt super zur Meerrettichsuppe (Seite 83) oder in eine kräftige Brühe (Seite 188), in der ihr auch verschiedene Einlagen kombinieren könnt. Die Nocken schmecken in etwas brauner Butter geschwenkt und mit etwas Rucola und geriebenen Parmesan bestreut auch super als schnelle Vorspeise.

KRÄUTER-FLÄDLE
(PFANNKUCHENSTREIFEN)

2 EIER, 100 G (DINKEL)MEHL, ½ TASSE (100 ML) MILCH, SALZ UND PFEFFER
4 EL FRISCHE GEHACKTE KRÄUTER (Z.B. SCHNITTLAUCH, DILL, PETERSILIE, BASILIKUM)
RAPS- ODER OLIVENÖL ZUM AUSBACKEN

Das Mehl in eine Schüssel geben und mit etwas Milch glatt rühren, damit keine Klumpen entstehen. Restliche Milch und Eier unterrühren, salzen und pfeffern und die Kräuter einstreuen. Eine beschichtete Pfanne heiß werden lassen und mit einem mit etwas Öl getränktem Küchenkrepp ausreiben. Nacheinander dünne Pfannkuchen ausbacken.

Auf einen Teller schichten und auskühlen lassen. Dann übereinandergelegt in dünne Streifen schneiden.

GERÖSTETE KÜRBISKERNE

Schmeckt als kleiner Jackentaschensnack oder in vielen Suppen. Klassisch kommen sie als Topping auf die Kürbissuppe (Seite 88). Einfach eine Pfanne ohne Fett auf dem Ofen heiß werden lassen. Die Kerne mit etwas Salz hineingeben und durchschwenken, bis die Kerne knacken und zu bräunen beginnen. Auf einem Teller auskühlen lassen.

GLASIERTE MARONI

1 EL ZUCKER
150 G GESCHÄLTE UND GEGARTE MARONEN
(GIBT ES AUCH FERTIG IM VAKUUMBEUTEL)
1 EL BUTTER

Den Zucker mit 1 Teelöffel Wasser in einer heißen Pfanne vermischen und aufkochen, bis sich der Zucker aufgelöst hat. Die Maronen grob hacken und mit der Butter in die Pfanne geben. Unter ständigem Rühren oder Schwenken goldbraun karamellisieren. Lose auf einen Teller geben und vollständig auskühlen lassen. Passt z.B. zur Brotsuppe (Seite 98), zur Süßkartoffelsuppe (Seite 92) oder zur Kürbissuppe (Seite 88).

Probiert das auch unbedingt als leckeres Topping für einen festlichen Enten- oder Gänsebraten aus!

JACKENTASCHEN SNACKS

JACKENTASCHEN

SNACKS

WENN IHR MIT TOURENSKIERN DEN BERG HOCHLAUFT ODER EINEN SCHLITTEN HINTER EUCH HER ZIEHT, SIND EIN PAAR LECKERE KNABBEREIEN AUS DER JACKENTASCHE EINE WILLKOMMENE STÄRKUNG. SO ERHALTET IHR DEN ENERGIELEVEL UND MÜSST NICHT VERSCHWITZT EINE LÄNGERE BROTZEITPAUSE EINLEGEN. EINIGE DER KLEINEN SNACKS SIND, NETT VERPACKT, AUCH BELIEBTE MITBRINGSEL.

DREIMAL WINTERTRAIL-MIX SEITE 113
ENERGIEBÄLLCHEN SEITE 114
FRUCHTSCHNITTEN SEITE 118
GEBRANNTE MANDELN SEITE 121
SALZMANDELN MIT CHILI SEITE 121
GEGRILLTE MARONI SEITE 122
KARAMELLISIERTE MARONI SEITE 123
KARAMELLBONBONS SEITE 130

INTERESSANTE WINTERFACTS
SEITE 116–117
FREERIDEN MIT JACOBA KRIECHMAYER
SEITE 126–129

★ schnell ★ Energie ★ Winterpicknick

Wintertrail-Mix

Auf keiner Tour sind sie wegzudenken.
Aber auch in der urbanen Wildnis haben wir immer ein Tütchen
dieser knusprigen und gesunden Energiespender in der Jackentasche.
Heißt es an einem super Tiefschneetag im Skilift mal wieder „no friends on powder days“,
reicht schon eine Handvoll der leckeren Knabbermischungen, um euch schnell
für den nächsten Run (aka „die Abfahrt“) fit zu machen.

HERBSTSTURM

40 G PEKANNÜSSE
40 G WALNUSSKERNE
40 G KÜRBISKERNE, TROCKEN
MIT 1 PRISE ZIMT UND ZUCKER ANGERÖSTET
40 G GESCHÄLTE PISTAZIENKERNE
40 G GETROCKNETE APFELRINGE,
IN STÜCKCHEN GESCHNITTEN
40 G GETROCKNETE FEIGEN,
IN STÜCKCHEN GESCHNITTEN

TIEFSCHNEETRAUM

80 G GEBRANNTE MANDELN (SEITE 121)
40 G GANZE HASELNÜSSE
40 G SCHOKOROSINEN
40 G GETROCKNETE KIRSCHEN, IN GROBE STÜCKE GESCHNITTEN
40 G GROBE KOKOSCHIPS

BÄRIGE BEEREN

40 G GETROCKNETE BLAUBEEREN (ERSATZWEISE GOJIBEEREN)
40 G GESCHÄLTE MANDELN
40 G WEISSE SCHOKODROPS ODER GEHACKTE WEISSE SCHOKOLADE
40 G CASHEWKERNE (EVTL. HALBIERT)
40 G GETROCKNETE ANANAS ODER ANANASCHIPS, IN STÜCKE GESCHNITTEN
40 G KANDIERTER INGWER, IN KLEINE WÜRFEL GESCHNITTEN

MINI-SCHOKOBROWNIES

★ *deluxe* ★ *Energie* ★ *Winterpicknick*

1 TASSE (100 G) GEMISCHTE PEKAN- UND WALNUSSKERNE
2 TASSEN (200 G) DATTELN, ENTSTEINT
2 EL DUNKLER KAKAO
MARK VON ½ VANILLESCHOTE
1 PRISE SALZ

OPTIONAL:
2 EL KAFFEEBOHNEN, IM MÖRSER GROB ZERSTOSSEN

Die Nüsse in einer Pfanne ohne Fett leicht rösten. Herausnehmen und auskühlen lassen. Mit den restlichen Zutaten in einer Küchenmaschine mixen und mit leicht befeuchteten Händen zu walnussgroßen Kugeln formen. Wer mag, wälzt die Bällchen jetzt in den zerstoßenen Kaffeebohnen. Etwa 30 Minuten kühl stellen oder kurz im Tiefkühler fest werden lassen.

KAROTTENKUCHEN-BÄLLCHEN

★ *Energie* ★ *Immunbooster* ★ *Winterpicknick*

2 KAROTTEN
½ TASSE (80 G) GEMISCHTE MANDELN UND WALNUSSKERNE
1 TASSE (100 G) DATTELN, ENTSTEINT
2 TL DUNKLER HONIG
½ TL GEMAHLENER ZIMT
½ TL FRISCHER, GERIEBENER INGWER
1 PRISE MUSKAT
4 EL KOKOSRASPELN

Karotten schälen und fein reiben. Die Nüsse in einer Pfanne ohne Fett leicht rösten und auskühlen lassen. Karotten, Ingwer und Nüsse mit den restlichen Zutaten außer den Kokosraspeln im Mixer fein zerkleinern. Mit befeuchteten Händen zu walnussgroßen Kugeln kneten und in den Kokosraspeln wälzen. Etwa 30 Minuten kühlen oder kurz im Tiefkühler fest werden lassen.

Energiebällchen

AUCH DIE WINTERLICHE VARIANTE DER ENERGIEBÄLLCHEN IST IMMER HEISS BEGEHRT, BEI UNS UND UNSEREN FREUNDEN AUF TOUR. SIE SCHAUEN NICHT NUR RICHTIG SCHÖN AUS, SIE SCHMECKEN AUCH MEGALECKER UND GEBEN EUCH IMMER ZUR RICHTIGEN ZEIT EINEN KLEINEN ENERGIEKICK.

FÜR 12–15 BÄLLCHEN

WUSSTEST DU SCHON …?

INTERESSANTE WINTERFACTS

- Die niedrigste Temperatur, die bislang in Deutschland gemessen wurde, betrug -37,8 °C. Gemessen in Hüll, Oberbayern am 12. Februar 1929

- Die niedrigste Temperatur, die bislang weltweit gemessen wurde, betrug unglaubliche -89,2 °C. Gemessen in: Wostok/Antarktis am 21. Juli 1983

- Wenn ihr aus Schnee 1 Liter Teewasser schmelzen wollt, braucht ihr dafür bei Neuschnee schon einen ganz gefüllten 10-l-Topf voller Schnee.

Ganz schön mühsam, wenn ihr dann zum Nudelnkochen 3 l Wasser haben wollt. Sucht deshalb lieber rund um die Hütte nach klarem, sauberem Eis, das ist viel dichter. Hier kann man fast im Verhältnis 1 : 1 Wasser gewinnen.

✕ Der meteorologische Winter dauert bei uns auf der Nordhalbkugel von Anfang Dezember bis Ende Februar. In alpinen und sehr nördlichen Regionen kann aber bereits im August der erste Schnee fallen und der letzte oft bis spät in den Mai hinein. Der astronomische Winter beginnt mit der Wintersonnenwende am 21. Dezember, jetzt sind die Tage am kürzesten. Je weiter nördlich ihr seid, desto weniger Stunden Tageslicht gibt es. Im nördlichen Skandinavien geht die Sonne gar nicht mehr auf, und dort herrscht jetzt die Dunkelheit der Polarnacht. Der astronomische Winter endet zur Tag-und-Nacht-Gleiche (Equinox) am 23. März. Von jetzt an sind die Tage wieder länger als die Nächte.

✕ Wenn ihr im Winter draußen seid, verliert ihr, ohne es zu merken, viel Flüssigkeit. Natürlich kennt jeder von euch den dampfähnlichen Atem im Winter. Hier sieht man förmlich, wie Feuchtigkeit an die sehr trockene, kalte Luft abgegeben wird. Seid ihr jetzt noch in größerer Höhe und bewegt euch, dann verliert ihr bis zu 0,5 l Flüssigkeit in der Stunde über den Atem. Deshalb trinkt auf Tour immer reichlich, am besten isotonische Getränke. So beugt ihr Dehydration vor und euer Körper bleibt fit.

✕ Schnee knirscht hörbar beim Laufen erst bei ca. -7 °C – die spröde gewordenen Schneekristalle brechen unter den Füßen. So weiß man auch immer ohne Thermometer, dass es draußen wirklich saukalt ist… Im Ernst: Der eigentlich praktische Nutzen dahinter ist zu wissen, dass länger währende, sehr tiefe Temperaturen sich negativ auf den Schneedeckenaufbau auswirken können und somit auch bei großer Kälte die Lawinengefahr ansteigen kann.

DIE SCHNITTEN SIND LECKER, GESUND UND EINFACH ZUM MITNEHMEN. SELBST BEI KALTEN TEMPERATUREN KANN MAN NOCH GUT VON IHNEN ABBEISSEN. SCHNELL UND GANZ LEICHT KÖNNT IHR EUCH ZU HAUSE DEN VORRAT FÜR EINEN GANZEN WINTERURLAUB ANLEGEN. DAS MACHT AUCH ZUSAMMEN MIT KIDS IN DER KÜCHE SPASS.

Fruchtschnitten

FÜR 10–12 PORTIONEN

★ Energie ★ Immunbooster ★ Winterpicknick

½ TASSE (50 G) WEICHE DATTELN, GESCHÄLT UND ENTSTEINT
1 TASSE (100 G) WEICHE GETROCKNETE APRIKOSEN
1 TASSE (100 G) WEICHE ROSINEN
½ TASSE (50 G) GETROCKNETE CRANBERRIES
4 EL APFELSAFT
1 TASSE (100 G) MANDELN, GERIEBEN
4 GROSSE ECKIGE OBLATEN

Das Trockenobst mit dem Apfelsaft in einer Küchenmaschine oder alternativ mit dem Pürierstab zu einer feinen, klebrigen Masse pürieren. In einer Schüssel mit den geriebenen Mandeln verrühren.

Je eine Oblate auf die Arbeitsfläche legen und die Hälfte der Masse 1–2 cm dick daraufgeben und glatt streichen. Eine zweite Oblate darauflegen und mit einem Brettchen sanft und gleichmäßig zusammendrücken. Mit einem Messer in die gewünschte Riegelform schneiden.

LAGERUNG

Die Schnitten halten sich in einer Frischhaltebox 2–3 Wochen. Zum Mitnehmen dann am besten je 1–2 Stück in Butterbrotpapier einschlagen.

LAGERUNG Mandeln vor dem Verpacken lose auf einem Teller oder Blech vollständig auskühlen lassen. In eine Box oder einen Beutel abfüllen und trocken lagern.

Gebrannte Mandeln

Auf der Wiesn (sprich Oktoberfest) sind sie kaum wegzudenken.
Alle lieben diese süße, knusprige Knabberei. Jetzt müsst ihr nie mehr darauf verzichten,
denn sie sind wirklich im Handumdrehen selbst gemacht.

★ schnell ★ Energie

1 TASSE (200 G) ZUCKER
1 BEUTEL VANILLEZUCKER
1 MSP. GEMAHLENER ZIMT
1 BEUTEL (200 G) GANZE, UNGESCHÄLTE MANDELN

Zucker, Vanillezucker und Zimt in etwa ½ Tasse Wasser aufkochen. Die Mandeln zugeben und unter ständigem Rühren erhitzen, bis das ganze Wasser verdampft ist. Jetzt darauf achten, dass alle Mandeln gleichmäßig goldbraun karamellisieren. Nicht zu dunkel werden lassen, sonst werden sie bitter. Auf einen Bogen Backpapier schütten und abkühlen lassen. Vorsicht, sehr heiß!

Salzmandeln mit Chili

Ein wunderbarer Snack, den manche von euch bestimmt
so ähnlich aus spanischen Tapasbars kennen. Ich möchte sie nicht mehr auf Tour
in meiner Jackentasche oder zu einem Glas Rotwein am Kaminfeuer missen.

★ schnell ★ Energie

1 BEUTEL (200 G) GANZE, UNGESCHÄLTE MANDELN
1 EL OLIVENÖL
1–2 GETROCKNETE CHILIS ODER ETWAS FRISCHE CHILI
SALZ, AM BESTEN FLEUR DE SEL

Die Mandeln kurz in der Pfanne anrösten, Öl und Chili zugeben und mit Salz würzen.

Auf vielen Märkten weht einem in der Winterzeit schon von Weitem der typische Duft von gegrillten Maroni (oder Maronen, ganz wie ihr wollt) entgegen. Der niedrige Fettgehalt und der vergleichsweise hohe Anteil an Kohlenhydraten und Protein machen die heiße Köstlichkeit zum perfekten Sportlersnack.

★ schnell ★ Energie

Gegrillte Maroni

1 BEUTEL (500 G) GANZE, GESCHÄLTE MARONI

Die Kastanien waschen und auf der runden Seite mit einem kleinen Küchenmesser kreuzförmig einritzen. Ab auf den heißen Grill! Am besten werden die Maronen etwa 20 Minuten indirekt gegrillt. Dafür sollte man einen Grillkorb verwenden, so rollen sie euch auch nicht davon. Das funktioniert auch im heißen Backofen auf einem Blech bei etwa 200 °C.

Die Maroni alle paar Minuten mit etwas Wasser besprühen und immer wieder wenden, damit sie nicht anbrennen. Das Besprühen mit Wasser sorgt dafür, das sie besser aufplatzen und die Schale sich nach dem Grillen leichter entfernen lässt. Jetzt heißt es schnell schälen, heiß geht das am besten! Die Maroni dabei mit einem Küchentuch halten, sonst vebrennt man sich die Finger.

★ schnell ★ deluxe ★ Energie

Für eine süße Variante könnt ihr die fertig gegrillten, geschälten Maroni anschließend noch kurz karamellisieren.

Karamellisierte Maroni

1 BEUTEL (500 G) GANZE, GESCHÄLTE MARONI
75 G BUTTER 50 G BRAUNER ZUCKER 1 PRISE ZIMT
2 EL HONIG ODER AHORNSIRUP

Alle Zutaten in eine Pfanne geben und unter Rühren so lange erhitzen, bis sich eine glänzend braune Schicht um die Maroni gelegt hat.

LAGERUNG

Die Maroni vor dem Verpacken lose auf einem Teller oder Blech vollständig auskühlen lassen. In eine Box oder einen Beutel abfüllen und trocken lagern. Aber am besten schmecken sie natürlich warm.

Freeriden

MIT JACOBA KRIECHMAYR, AKA JAY

Freeriden, das meist liftgestützte Befahren von freien, ungesichertem Skigelände abseits der Pisten, gilt als purer Ski-Flow. Diesem Flow hat sich Jacoba, genannt Jay, voll und ganz verschrieben. Als Profi-Freeriderin und Skitourgeherin tourt sie im Winter durch die Alpen, fährt Wettkämpfe oder ist gerade mal wieder in Kanada auf Fotoshootings. Sie stammt aus einer komplett skiverrückten Familie, ihr Vater ist staatlich geprüfter Skilehrer und war als Ausbilder tätig, auch ihre Mutter war Skilehrerin. Ihr Bruder Vincent gehört zu den besten österreichischen Abfahrtsläufern, natürlich steht sie selbst auch seit frühester Kindheit auf den zwei Brettern, die ihr die Welt bedeuten.

Heute zeigt sie mir ihren Home-Spot Obertauern. Während der Liftfahrten haben wir immer wieder etwas Zeit, um uns über ihr Leben außerhalb vom Skizirkus der World Freeride Qualifier Tour zu unterhalten. Jay überrascht mich wirklich mit ihrer Vielseitigkeit. Als knallharter Skiprofi steht sie während der Saison fast jeden Tag auf den Brettern. An der Uni studiert sie mit dem knappen Rest ihrer Zeit Werkstoffwissenschaften, und zum Ausgleich und zum Abschalten ist sie Freizeit-Biobäuerin auf dem Hof ihrer Eltern. Sobald wir wieder unsere Ski angeschnallt haben, muss ich dann wirklich Gas geben, um ihr hinterherzukommen …

Natürlich wollte ich auch mehr über Jays persönliches Great Outdoors und ihre Kochkünste erfahren …

Du bist Athletin in der World-Freeride-Qualifier-Tour. Wie lange fährst du schon diese Wettkämpfe? Wie viele Tage im Jahr verbringst du auf Skiern und welchen Ausgleichssport betreibst du, um dich topfit zu halten?

Meinen ersten Bewerb bin ich im Januar 2013 gefahren, ich bin Dritte geworden, und seither gehören diese Freeride Contests zu meinem Leben. Ich zähle die Skitage nicht, aber eines kann ich verraten, es sind sehr viele. Ich starte meistens im November in den Winter und bin bis Mai auf den Skiern unterwegs, je nach Schneelage auch länger. Nicht jeden Tag, aber ich habe sicher mehr Tage auf Skiern als Tage, an denen sie im Keller stehen bleiben ... Im Sommer gehe ich gerne Biken, Laufen, Wakeboarden, in die Berge oder in die Kraftkammer (aka Fitnessraum). Am liebsten mach ich Sport an der frischen Luft. Ich bin jeden Tag draußen, wenn ich mal einen Tag keinen Sport mache, dann hält mich die Arbeit am Hof fit.

Wenn du zu einem längeren Skitrip aufbrichst, was muss neben der Ausrüstung immer noch mit ins Gepäck? Vor allem interessiert mich natürlich dabei die Verpflegung, die du dir einpackst.

Immer dabei habe ich ein handgefertigtes Taschenmesser aus Damaszener Stahl, das kann man immer brauchen, aber vor allem kann man sich den Speck am Gipfel nach dem Aufstieg damit hauchdünn aufschneiden! (lacht) In meiner Thermoskanne habe ich immer warmen Tee dabei, am liebsten mit frischem Ingwer und Zitrone, der wärmt von innen und gibt Energie, und zum Essen hab ich immer einen Mix aus Nüssen und Trockenfrüchten im Gepäck, manchmal selbst gemachtes Bananenbrot. Was nie fehlen darf, ist eine Tafel weiße Schokolade.

Was war dein schönster Moment in den Bergen? Was bedeutet dir das Draußensein im Great Outdoors?

Ich genieße jeden Tag, den ich draußen in den Bergen bin, es waren schon sehr viele schöne Momente dabei. Am schönsten sind aber die Momente, wenn der Schnee passt, man weit weg ist vom Trubel, abseits von Kamera- und Contestdruck, einfach nur „shredden". Viele gute Runs, Powder ohne Ende, ein hoher „Stokefaktor", und das am besten mit vielen guten Freunden daheim am Obertauern.

Warst du draußen am Berg schon mal in einer wirklich heiklen Situation? Hat diese dich später beeinflusst?

Ja, ich war schon in heiklen Situationen, sowohl was Verletzungen angeht, aber auch mit Lawinen. In der Slowakei hab ich mich bei einem Freeride-Bewerb schwer verletzt, der Abtransport hat ewig gedauert, und die medizinische Versorgung vor Ort war nicht die beste. Aber alles ist gut ausgegangen, und ich stand im folgenden Winter wieder am Start bei den Contests.

Vor ein paar Jahren hab ich auch auf einem Hang, den ich zuvor schon mindestens 1000-mal gefahren bin, ein Schneebrett ausgelöst. Das war ein blöder Eigenfehler, denn ich hätte mein vorhandenes Wissen um die Hanglage, das Wetter, die Schneedecke und die Sonneneinstrahlung zu dieser Tageszeit nicht ignorieren sollen, nur um ein paar Powderturns nachzujagen. Das Schneebrett hat mich mitgerissen, aber wieder ausgespuckt, und außer ein paar Prellungen ist Gott sei Dank nichts passiert. Im Notfall wären auch meine Freunde, gut ausgerüstet und ausgebildet, hinter mir gewesen, um mich zu retten. Das hat mich wach gerüttelt, und seither denke ich einmal mehr nach, wenn ich in einen Hang einfahre.

Viele, meist junge Skifahrer sehen die Videos und Contests der Profis im Gelände und wollen es ihnen gleichtun. Was empfiehlst du denen, damit sie sich sicher ans Gelände herantasten können?

Ganz wichtig ist die Ausrüstung, nie fehlen darf das Lawinenverschüttetensuchgerät, kurz LVS, Schaufel, Sonde und der Airbag-Rucksack. Es hilft aber nicht, die Ausrüstung nur dabeizuhaben, wichtig ist auch der richtige Umgang. Daher rate ich jedem, der Lust aufs Freeriden hat, einen Kurs zu machen, in dem man den Umgang mit dem LVS, Routenplanung, Schneekunde und das Vorgehen im Notfall lernt. Man sollte dieses Wissen auch vor jedem Winter auffrischen und einmal am Beginn des Winters ein LVS-Training machen, um im Ernstfall genau zu wissen, was zu tun ist.

Und abschließend geht's noch in die Küche: Was ist dein bestes Wintergericht, um fit in einen Wettkampf zu gehen? Was ist dein Lieblingsgericht, um danach zu Hause wieder deinen Akku zu laden?

Schwierige Frage, denn ich bin ein leidenschaftlicher Esser! Wichtig ist mir, dass die Zutaten hochwertig sind und vorwiegend saisonal und regional. Ich habe eine sehr empfindliche Verdauung; wenn ich Dinge esse, die ich nicht vertrage, schwächt mich das so, dass ich bei einem Contest keine Höchstleistung bringen kann. Auf Reisen ist das nicht immer leicht, aber ein gutes Stück Bio-Fleisch mit Ofengemüse schmeckt mir immer. Das koche ich mir auch selber gerne, und als Dessert Milchreis mit Mandelmilch, Zimt und Früchten. Zu Hause am Obertauern gönn' ich mir nach einem gelungenen Tag meistens eine Zwiebel-Knoblauch-Suppe mit Kaspressknödeln in meiner Lieblingsskihütte. Auch wenn ich einmal die Hütte auslasse, koche ich mir oft Suppen oder warme Eintöpfe. Das ist der perfekte Refiller für Körper und Geist nach einem langen Skitag.

SIE WECKEN EINFACH KINDHEITSERINNERUNGEN. MIT FRECHEN GEWÜRZVARIANTEN ODER VERSCHIEDENEN TOPPINGS FINDET IHR BESTIMMT EURE LIEBLINGS-SORTE, UND MIT ETWAS GEDULD KANN MAN DIE BONBONS HÜBSCH EINZELN VERPACKEN. SO SIND SIE AUCH IMMER EIN TOLLES MITBRINGSEL UND PERFEKTE BEGLEITER IN JEDER JACKENTASCHE.

★ schnell ★ für morgen ★ Weihnachten

Karamellbonbons

FÜR CA 30 BONBONS

GRUNDREZEPT

1 BECHER (200 G) SAHNE , 1 TASSE (200 G) ZUCKER
1 EL HONIG, MARK VON ½ VANILLESCHOTE

Sahne und Zucker zusammen aufkochen. Die Hitze etwas reduzieren und die Mischung unter ständigem Rühren einköcheln lassen, bis eine goldgelbe, zähe Masse entstanden ist. Honig und Vanillemark einrühren. Die Masse nicht zu dunkel werden lassen, sonst werden die Bonbons bitter! Eine eckige Form mit Backpapier auskleiden und die Masse hineingießen. An einem kühlen und trockenen Ort abkühlen lassen. Vorsicht, nicht in den Kühlschrank stellen, dort zieht die Masse Feuchtigkeit und wird nicht fest! Nach dem Auskühlen in kleine, rechteckige Bonbons schneiden und einzeln in Bonbon- oder Butterbrotpapier verpacken oder in eine Dose füllen. Die Bonbons halten sich kühl und trocken gelagert mehrere Monate.

TOPPINGS

Die Masse beim Auskühlen in der Form mit gehackten (gesalzenen) Erdnüssen, fein gehackten gebrannten Mandeln (Seite 121), Fleur de Sel, zermörserten Kaffeebohnen oder Kokosraspeln etc. bestreuen.

FLAVOURS

★ deluxe

Ihr könnt der Bonbonmasse auch eine persönliche Note verleihen, indem ihr vor dem Abfüllen verschiedene Gewürze zugebt. Versucht mal eine dieser Varianten: 1 Msp. Cayennepfeffer, ½ Teelöffel dunkler Kakao, ½ Teelöffel getrockneter Ingwer, 1 Teelöffel lösliches Kaffeepulver, ½ Teelöffel getrockneter, fein zerriebener Pfefferminztee oder ½ Teelöffel Matcha-Pulver. Eurer Fantasie sind da keine Grenzen gesetzt.

GESUNDE
ENERGIE

GESUNDE ENERGIE

GERADE IM WINTER IST ES WICHTIG, DASS IHR EUCH VITAMINREICH ERNÄHRT. WER JETZT AUCH NOCH DEN GANZEN TAG DRAUSSEN AKTIV IST, BRAUCHT EINEN GESUNDEN NÄHRSTOFFMIX, UM DIE AKKUS WIEDER FÜR DEN NÄCHSTEN TAG AUFZULADEN. DIESE REZEPTE GEHEN SCHNELL UND GELINGEN IMMER! DESWEGEN EIGNEN SIE SICH AUCH FÜR EINE KURZE MITTAGSRAST IN DER WARMEN HÜTTE.

WINTERLICHES OFENGEMÜSE SEITE 136–139
WINTERSALAT MIT ORANGEN UND NÜSSEN SEITE 141
FELDSALAT MIT SPECKDRESSING SEITE 142
GEBRATENES FISCHFILET AUF BALSAMICOLINSEN SEITE 145
GNOCCHI MIT KÜRBIS IN KURKUMASAUCE SEITE 146
GRAUPENRISOTTO MIT GETROCKNETEN WALDPILZEN SEITE 148
MATJES „HÜTTENFRAUENART“ SEITE 151
ONE-POT-PASTA MIT HUHN SEITE 152
ONE-POT-TAGLIATELLE MIT RÄUCHERLACHS SEITE 156
LAUWARMER ROTE-BETE-SALAT MIT WALNÜSSEN SEITE 159
SÜDTIROLER KNÖDELSALAT SEITE 161
TAJINE MIT SALZZITRONE SEITEN 162–165
SALAT MIT BLAUKRAUT, FENCHEL UND BLUTORANGE SEITE 166
WÄRMENDES WINTERCURRY MIT GELBEM REIS SEITE 170

Oberlehrer Leopold Brandner

Ofengemüse

Ob als bunte Beilage zum Schweinebraten, zum Wildburger oder als vegetarisches Hauptgericht – Ofengemüse macht immer glücklich. Dieser Gemüsemix hat alle Vitamine und Mineralstoffe, die ihr nach einem langen Tag draußen braucht, und schmeckt dazu noch herrlich nach Winter.

★ vegetarisch ★ Immunbooster ★ Holzofen

WINTERLICHES Ofengemüse MIT ROTER BETE UND KÜRBIS

FÜR 4 PORTIONEN

½ KLEINER KÜRBIS (Z.B. BUTTERNUSS ODER HOKKAIDO)
1 ROTE BETE   ½ FENCHELKNOLLE   4 KAROTTEN
4 KLEINE, FESTKOCHENDE KARTOFFELN ODER 1 SÜSSKARTOFFEL
1 STÜCK SELLERIE ODER 1 PETERSILIENWURZEL
3–4 SCHALOTTEN ODER 2 ROTE ZWIEBELN
2 KNOBLAUCHZEHEN   4 EL OLIVENÖL
2 HANDVOLL FRISCHE KRÄUTER, Z.B. THYMIAN UND ROSMARIN
PFEFFER UND GROBES SALZ   1 TL KORIANDERSAMEN
FRISCHE CHILIS NACH GESCHMACK
1 HANDVOLL GEHACKTE PETERSILIE

Den Backofen auf 190 °C (Umluft) vorheizen. Das Gemüse schälen, ggf. entkernen und in daumendicke Streifen oder in Würfel schneiden. Die Schalotten schälen und der Länge nach halbieren, den Knoblauch ungeschält mit dem Messer zerdrücken. Die Kräuter grob zupfen. Alle Zutaten zusammen in einer ofenfesten Reine oder flachen Auflaufform mit Olivenöl und den grob gezupften Kräutern marinieren und mit Salz, Pfeffer und den Koriandersamen (evtl. leicht zerdrückt) würzen. Wer es scharf mag, mischt noch ein paar feingeschnittene Chilistreifen drunter. Das Gemüse 35–40 Minuten im heißen Ofen backen, bis es leicht goldbraun und gar ist. Die gehackte Petersilie kurz vor dem Servieren unterheben.

VARIANTE MIT ZIEGENKÄSE

Als eigenständiges, vegetarisches Gericht schmeckt diese Variante superlecker!

Das Gemüse zusätzlich mit etwas Honig und arabischem Ras el Hanout oder Kurkuma marinieren und in den letzten 10 Minuten mit gehackten Walnüssen, geriebener Schale von Bio-Zitrusfrüchten und klein gewürfelter Ziegenrolle bestreuen.

★ schnell ★ vegetarisch ★ Immunbooster

Wintersalat
MIT ORANGEN UND NÜSSEN

EIN HERRLICHER, SCHNELL GEMACHTER WINTERSALAT MIT REICHLICH VITAMINEN. WOLLT IHR DARAUS EINE VEGETARISCHE HAUPTSPEISE MACHEN, GEBT NOCH ETWAS GEBRATENEN ZIEGENKÄSE ODER HALOUMI DARÜBER.

FÜR 2 PORTIONEN

1 CHICOREE   1 HANDVOLL RADICCHIO
2 HANDVOLL FELDSALAT   2 KLEINE ORANGEN
4 EL GROB ZERKLEINERTE WALNUSSKERNE

DRESSING:
½ TL BRAUNER ZUCKER   2 EL WEISSER ESSIG   2 EL ORANGENSAFT
2 EL OLIVENÖL   SALZ UND PFEFFER   1 MSP. KURKUMA

TOPPING (OPTIONAL):
2 EL GERÖSTETE KÜRBISKERNE   2 EL GETROCKNETE CRANBERRIES

Chicoree- und Radicchioblätter in Streifen schneiden und mit dem Feldsalat gründlich waschen und abtropfen lassen. Die Orangen mit einem Messer schälen und in Würfel schneiden. Den Saft für das Dressing auffangen.
Die Dressingzutaten in ein Schraubglas geben und verschütteln.

Den Salat in einer Schüssel mit dem Dressing verrühren, dann in tiefen Tellern oder Schüsseln anrichten und mit den Walnüssen bestreuen. Das Topping, falls verwendet, ebenfalls über den Salat streuen.

★ schnell
★ Immunbooster

Feldsalat
MIT SPECKDRESSING

FÜR 2 PORTIONEN

1 SCHEIBE (ETWA 80 G) WAMMERL (BAUCHSPECK) ODER BACON
1 KLEINE ZWIEBEL ½ TL SENF
4–6 EL WEISSER ESSIG
1 TL AHORNSIRUP ODER BRAUNER ZUCKER
SALZ UND PFEFFER 4 EL OLIVENÖL
1 BUND SCHNITTLAUCH, IN RÖLLCHEN GESCHNITTEN

3–4 HANDVOLL FELDSALAT
1 CHICOREE ½ BIRNE

Den Speck fein würfeln und in einer Pfanne knusprig anbraten. Zwiebel abziehen und in feine Würfel schneiden, zum Speck geben und glasig anschwitzen. In eine Schale oder ein Schüttelglas umfüllen und Senf, Essig, Ahornsirup oder Zucker sowie Salz und Pfeffer und dann nach und nach das Öl einrühren oder verschütteln. Abschmecken und die Schnittlauchröllchen zugeben.

Den Feldsalat mehrmals gut waschen, bis das Waschwasser klar ist. Den Chicoree lauwarm waschen und in Streifen schneiden. Bei der Birne Kerngehäuse und Strunk entfernen und die Frucht in feine Scheiben schneiden. Feldsalat und Chicoree in einer Schüssel mit dem Dressing mischen, in tiefen Tellern anrichten und mit den Birnenstücken garnieren.

Als Topping passen geröstete Kerne, Nüsse oder Sprossen gut dazu.

LUXUS-VARIANTE

1 Esslöffel Preiselbeeren mit ins Dressing geben und dünne Scheiben Hirschschinken oder geräucherte Entenbrust auf dem Salat anrichten.

FÜR 2 PORTIONEN

★ schnell ★ Weihnachten

Gebratenes Fischfilet

AUF BALSAMICOLINSEN

2 KAROTTEN
2 SELLERIESTANGEN
½ ZWIEBEL ODER 1 SCHALOTTE
1 KNOBLAUCHZEHE
4 EL OLIVEN- ODER RAPSÖL
1 TASSE KLEINE LINSEN (ROT ODER GELB)
5 EL BALSAMICOESSIG
2 TASSEN BIO-GEMÜSEBRÜHE
SALZ UND PFEFFER
1 EL BUTTER
½ BUND PETERSILIE, GEHACKT
2 FISCHFILETS À CA. 150 G, Z.B. ZANDER ODER SAIBLING
SAFT VON ½ ZITRONE
2 EL MEHL

Die Karotten schälen und fein würfeln, den Sellerie waschen und in kleine Stücke schneiden. Zwiebel und Knoblauch abziehen und fein würfeln. 2 Esslöffel Öl in einer Pfanne oder einem Topf erhitzen und alles darin anschwitzen. Die Linsen zugeben, umrühren und mit dem Balsamico ablöschen, dann die Brühe zugießen. Aufkochen und bei mittlerer Flamme etwa 15 Minuten köcheln lassen, bis die Linsen weich sind. Mit Salz, Pfeffer und ½ Esslöffel Butter abschmecken und die gehackte Petersilie einrühren.

Während die Linsen kochen, den Fisch vorbereiten: Die Filets trocken tupfen und vorher nicht waschen! Auf einem Teller mit Zitronensaft, Salz und Pfeffer würzen. Das Mehl auf einen zweiten Teller geben und den Fisch darin wenden. Überschüssiges Mehl abklopfen. 2 Esslöfel Öl in einer beschichteten Pfanne erhitzen und den Fisch mit der Hautseite nach unten (wichtig, siehe Tipp!) darin anbraten. Die Hitze reduzieren. Wenn ihr seht, dass das Filet oben leicht glasig wird, wendet ihr den Fisch kurz und gebt ½ Esslöffel Butter in die Pfanne.

Den Fisch auf den Linsen anrichten. Wer möchte, serviert Butterkartoffeln dazu.

TIPP Das Braten von Fischfilets sollte immer zu mindestens drei Viertel auf der Hautseite passieren. So wird die Haut schön knusprig und der Fisch trocknet nicht aus! Verwendet beschichtete Pfannen und reduziert die Hitze nach dem Einlegen des Filets in die heiße Pfanne um ungefähr die Hälfte. Die Haut darf nicht verbrennen.

VEGETARISCHE VARIANTE

Einfach den Fisch weglassen und mehr Gemüse zugeben. Hier passen z.B. Pastinaken, Lauch und ein paar Kirschtomaten sehr gut. Dazu schmecken mir dann kleine Pellkartoffeln.

★ vegetarisch ★ Immunbooster ★ Energie

AM BESTEN SCHMECKT DIESES EINFACHE REZEPT NATÜRLICH MIT DEN SELBST GEMACHTEN GNOCCHI. WENN ES ABER MAL RICHTIG SCHNELL GEHEN SOLL, KÖNNT IHR NATÜRLICH AUCH EINEN BEUTEL FERTIGE GNOCCHI VERWENDEN. DANN BESSER DIE FRISCHEN ALS DIE GETROCKNETEN EINKAUFEN. KURKUMA HAT NICHT NUR EINEN TOLLEN GESCHMACK UND VIEL FÄRBEKRAFT. REGELMÄSSIG IN DER KÜCHE VERWENDET, STÄRKT ES AUCH DAS IMMUNSYSTEM.

Gnocchi
MIT KÜRBIS UND KURKUMASAUCE

FÜR 2 PORTIONEN

GNOCCHI:

4–5 GROSSE (200 G) KARTOFFELN, MEHLIG ODER VORWIEGEND FESTKOCHEND
1 BECHER (250 G) RICOTTA
½ TASSE (100 G) MEHL (Z.B. SPÄTZLEMEHL)
1 EIGELB
SALZ, PFEFFER, MUSKAT
4 EL GERIEBENER PARMESAN
2 EL KÜRBISKERNE

Die Kartoffeln in etwas Salzwasser gar kochen, schälen und zerstampfen. Auf einem Teller gut ausdampfen lassen. In einer Schüssel mit den anderen Zutaten vermischen. Kürbiskerne vorher trocken rösten und dann fein hacken oder reiben.

Den Teig auf der leicht bemehlten Arbeitsfläche zu etwa 2 cm dicken Würsten rollen. Die Würste mit einem Messer in 2 cm große Stücke schneiden. In einen Topf mit kochendem Salzwasser geben, Hitze reduzieren. Die Gnocchi ziehen lassen, bis sie an der Oberfläche schwimmen.

KURKUMASAUCE:

½ HOKKAIDOKÜRBIS
1 SCHALOTTE 1 KNOBLAUCHZEHE
1 KLEINE, FRISCHE CHILISCHOTE (NACH BELIEBEN)
2 EL OLIVENÖL
1 KLEINER SCHÖPFER WEISSWEIN ODER BRÜHE
½ BECHER (100 G) SAHNE
1 TL KURKUMA
½ BUND PETERSILIE, GEHACKT
PARMESAN

Die Kürbishälfte waschen und die Kerne mit einem Löffel herauskratzen. Das Kürbisfleisch in etwa 1 cm große Würfel schneiden. Schalotte und Knoblauch abziehen und fein hacken. Die Chilischote, falls verwendet, entkernen und auch fein hacken. Das Öl in einer tiefen Pfanne bei mittlerer Hitze heiß werden lassen und Schalotte, Knoblauch und Chili darin andünsten. Die Kürbiswürfel zugeben und mit Weißwein oder Brühe ablöschen. Die Sahne zugießen, Kurkuma darüberstreuen, umrühren und alles kurz einkochen lassen, bis der Kürbis leicht bissfest ist.

Die heißen Gnocchi mit einer Schaumkelle in die Sauce geben und vorsichtig durchrühren. Mit Salz und Pfeffer abschmecken. Gehackte Petersilie zugeben und die Gnocchi in tiefen Tellern anrichten. Etwas frischen Parmesan darüberreiben.

★ schnell ★ vegetarisch ★ Energie

Graupenrisotto

MIT GETROCKNETEN WALDPILZEN

WER VON EUCH SAMMELT IM HERBST GERN FRISCHE PILZE? MAN IST GUT BERATEN, SICH FÜR DEN WINTER RECHTZEITIG EINEN VORRAT AN DEN AROMATISCHEN SCHÄTZEN DES WALDES ANZULEGEN. DIE BESCHREIBUNG ZUM TROCKNEN DER WALDPILZE FINDET IHR AUF SEITE 18. NATÜRLICH KANN MAN SIE AUCH AUF VIELEN MÄRKTEN BEREITS GETROCKNET KAUFEN. IN KOMBINATION MIT GRAUPEN IN DIESEM RISOTTO SCHMECKEN SIE EINFACH KÖSTLICH.

ZUTATEN

FÜR 2 PORTIONEN

½ TASSE GETROCKENETE WALDPILZE
½ MITTELGROSSE ZWIEBEL ODER
1 SCHALOTTE
1 KNOBLAUCHZEHE
2 EL OLIVENÖL
½ TASSE (100 G) PERLGRAUPEN
½ GLAS WEISSWEIN
SALZ UND PFEFFER
ETWA ½ L BRÜHE, JE NACH WUNSCH VOM RIND, HUHN ODER GEMÜSEBRÜHE
½ ZITRONE
1 EL BUTTER
1 TASSE GERIEBENER PARMESAN ODER REIFER BERGKÄSE
½ BUND PETERSILIE, GEHACKT

TIPP

Wer den Risotto als vegetarisches Hauptgericht zubereitet, kann kurz vor Servieren noch eine Handvoll grob gehackten Rucola drunterrühren. Sonst ist er eine würzig-cremige Beilage für Grillfleisch, Wild und Geflügel.

ZUBEREITUNG

Die Pilze in 1 Tasse Wasser mindestens 1 Stunde einweichen, dann abseihen, das Einweichwasser aufheben. Inzwischen Zwiebel und Knoblauch abziehen und fein hacken. Das Öl in einer tiefen Pfanne erhitzen und Zwiebel und Knoblauch kurz darin anschwitzen. Graupen und Pilze zugeben und kurz mitschwitzen.

Mit Weißwein ablöschen und mit etwas Salz und Pfeffer würzen. Die Brühe nach und nach zugießen, dazwischen immer wieder einkochen lassen. Je nach Geschmack ein wenig vom Einweichwasser der Pilze zugeben. Bei mittlerer Hitze köcheln lassen und gelegentlich rühren oder schwenken. Nach etwa 25 Minuten könnt ihr den Herd komplett ausschalten und den Risotto noch 5 weitere Minuten mit aufgelegtem Deckel gar ziehen lassen. Am besten gelingt das auf einem hitzebeständigen Untersetzer, damit die gespeicherte Energie in der Pfanne bleibt und nicht in die Unterlage abgeleitet wird. Die Zitrone waschen, die Schale in den Risotto reiben, den Saft auspressen und einrühren.

Zum Schluss die Butter und den geriebenen Parmesan unterheben, die gehackte Petersilie zugeben und noch mal mit Salz und Pfeffer abschmecken.

AM LIEBSTEN MAG ICH DIE MATJES MIT DEN ZU HAUSE SELBST EINGELEGTEN FISCHFILETS (SEITE 26). NATÜRLICH KÖNNT IHR AUCH FERTIG EINGELEGTE MATJESFILETS VERWENDEN UND HABT SO IM HANDUMDREHEN EIN MEGALECKERES UND GESUNDES FISCHGERICHT MIT DER EXTRAPORTION AN OMEGA-3-FETTSÄUREN UND EIWEISS FÜR DIE NÄCHSTE TOUR.

FÜR 2 PORTIONEN

★ schnell ★ deluxe ★ Energie

Matjesfilets „HÜTTENFRAUENART" MIT PELLKARTOFFELN

1 WEISSE GEMÜSEZWIEBEL
1 GROSSER APFEL
2 ESSIGGURKEN
4 EINGELEGTE MATJESFILETS, Z.B. HERING (SEITE 26)
1 KLEINER BECHER JOGHURT
½ BECHER (100 G) SAHNE
½ BECHER (100 G) SAUERRAHM ODER SCHMAND
½ ZITRONE
1 BUND FRISCHER DILL (ODER GETROCKNETER)
SALZ UND PFEFFER
4–5 GROSSE (500 G) KARTOFFELN
ETWAS BUTTER

Die Zwiebel abziehen und in Ringe schneiden. Den Apfel achteln, Kerngehäuse entfernen und in feine Scheiben schneiden, die Essiggurken würfeln. Die Fischfilets abtropfen lassen und halbieren. Joghurt und Sauerrahm mischen, die Zitronenhälfte auspressen und den Saft einrühren, mit Salz und Pfeffer würzen. Den Dill fein hacken und unterrühren. Alle Zutaten in einer Schüssel vermischen, ein paar Zwiebelringe als Deko aufheben. Im Kühlschrank oder vor der Hütte mindestens 1 Stunde ziehen lassen.

30–45 Minuten vor dem Essen die Kartoffeln kochen, pellen und evtl. kurz warm stellen.

Die Matjes auf Tellern anrichten und ein paar Zwiebelringe als Topping darauflegen. Die Kartoffeln der Länge nach einritzen und ein kleines Butterstückchen hineinstecken.

VEGETARISCHE VARIANTE

★ vegetarisch

Statt Fisch könnt ihr wunderbar essigsauer eingelegte Rote Beten verwenden. Die legt ihr entweder selber ein oder ihr nehmt Bio-Ware aus dem Glas. Noch ein paar Walnüsse als Deko darüberbröseln, und den Dill könnt ihr je nach Geschmack gegen Petersilie tauschen.

★ schnell ★ Energie

ICH LIEBE ONE POT PASTA BESONDERS,
WENN ES MAL SCHNELL GEHEN SOLL. FÜR EINE KURZE,
UNKOMPLIZIERTE MITTAGSPAUSE IN DER HÜTTE IST SIE GENAU DAS RICHTIGE,
UM EUCH FÜR DEN REST DES TAGES DRAUSSEN IM SCHNEE FIT ZU MACHEN.

FÜR 2 PORTIONEN

One-Pot-Pasta
MIT HUHN

1 KLEINE HÜHNERBRUST, ETWA 200 G
SALZ UND PFEFFER
2 EL SOJASAUCE
SAFT VON ½ BIO-ZITRONE
½ ZWIEBEL
1–2 KNOBLAUCHZEHEN
1 TASSE FRISCHE GRÜNE BOHNEN
2 TASSEN KIRSCHTOMATEN
½ PACKUNG (250 G) PENNE
½ BUND PETERSILIE, GEHACKT
1 EL BUTTER ODER OLIVENÖL
PARMESAN

Das Fleisch mit Salz, Pfeffer, Sojasauce und Zitronensaft würzen. Für mehr Farbe kurz in einer Pfanne anbraten und dann schneiden oder gleich roh in 2 cm große Würfel schneiden. ½ Liter Wasser aufkochen und salzen. Inzwischen Zwiebeln und Knoblauch abziehen und fein hacken, Bohnen und Kirschtomaten waschen, die Bohnen in Streifen schneiden. Die Pasta mit Hühnchenwürfeln, Zwiebeln und Knoblauch in das kochende Wasser geben. Immer gut rühren, damit nichts am Topfboden anhaftet. Nach der Hälfte der auf der Nudelpackung angegebenen Garzeit Bohnen und Tomaten zugeben. Eventuell noch etwas Wasser nachgießen. In der letzten Minute gehackte Petersilie und Butter oder Olivenöl einrühren. Mit Salz und Pfeffer abschmecken. Die Penne sollten beim Servieren leicht al dente sein, und die Sauce sollte eine cremige Konsistenz haben. Mit geriebenem Parmesan servieren.

TIPP

Sind die Nudeln schon al dente, ist die Sauce aber noch etwas zu flüssig, gebt den Parmesan zusammen mit der Butter direkt in die Pasta und rührt gut um, das bringt zusätzliche Bindung.

Der schönste Anlass für einen langen Hüttenabend mit gutem Essen ist der Besuch von Freunden. Uns haben in den Alpen die Vannomaden besucht. Kathi und Paul, zwei Abenteurer, die im Sommer ihr Bureau Creative in ihren Van verlegen und als Gestalter on the road arbeiten. Das passte thematisch so gut zu unserem Buchprojekt, dass die beiden am gleichen Abend schon Ideen für das Layout entwickelt haben.

ZIMT

★ schnell ★ Energie

SCHNELL, UNKOMPLIZIERT UND UNGLAUBLICH LECKER …
DAS ZEICHNET DIE HIPPE ONE-POT-PASTA AUS. DIE NUDELN SAUGEN SICH SCHÖN MIT DEN AROMEN DER ZUTATEN VOLL, UND IHR BRAUCHT TATSÄCHLICH NUR EINEN EINZIGEN TOPF FÜR DIESES SCHNELLE PASTA-FEUERWERK.

FÜR 2 PORTIONEN

One-Pot-Pasta
TAGLIATELLE MIT RÄUCHERLACHS

CA. ½ L BIO-GEMÜSEBRÜHE
½ ZWIEBEL
1 KNOBLAUCHZEHE
2–3 LAUCHZWIEBELN ODER 1 STANGE LAUCH
1 KLEINE PACKUNG (CA. 125 G) RÄUCHERLACHS, IN STÜCKE ZERPFLÜCKT
½ PACKUNG (250 G) TAGLIATELLE
½ BECHER (100 G) SAUERRAHM
2 TASSEN FRISCHER BLATTSPINAT, GEWASCHEN UND ABGETROPFT
1 BUND FRISCHER DILL ODER SCHNITTLAUCH, GEHACKT
SAFT UND ABRIEB VON ½ BIO-ZITRONE
SALZ UND PFEFFER

Die Brühe in einem Topf aufkochen. Zwiebel und Knoblauch abziehen und fein hacken, Lauchzwiebeln und Lachs in Streifen schneiden. Die Pasta mit Zwiebeln und Knoblauch in die kochende Brühe werfen. Immer gut rühren, damit nichts am Topfboden anhaftet. Nach zwei Dritteln der auf der Nudelpackung angegebenen Garzeit Sauerrahm, Lauchzwiebeln und Spinat zugeben. In der letzten Minute Lachs, Dill, Zitronensaft und -abrieb einrühren. Mit Salz und Pfeffer abschmecken. Die Tagliatelle sollten beim Servieren leicht al dente sein, und die Sauce sollte eine herrlich cremige Konsistenz haben.

FÜR 2 PORTIONEN

★ schnell ★ vegetarisch ★ Immunbooster

LAUWARMER Rote-Bete-Salat MIT WALNÜSSEN

EIN MEGALECKERER, GESUNDER WINTERSALAT AUS GEGARTEN ROTEN BETEN. EGAL OB ALS VORSPEISE ODER ALS BEGLEITER ZU EINEM STEAK, GEGRILLTEM HUHN ODER WILD, MIT SEINER TOLLEN FARBE IST ER AUCH OPTISCH EIN ECHTER HINGUCKER.

2 ROTE BETEN   1 APFEL   4 EL WALNUSSKERNE
½ TL BRAUNER ZUCKER   2 EL WEISSER ESSIG   2 EL SAUERRAHM
2 EL OLIVENÖL   SALZ UND PFEFFER

Die roten Beten ungeschält in einem Topf mit gesalzenem Wasser und einem Spritzer weißem Essig gar kochen. Das geht natürlich auch im Schnellkochtopf. Die jungen Blätter unbedingt vorher abschneiden und aufheben. Die Blätter der Roten Bete sind sehr gesund und enthalten ein Vielfaches der ohnehin in Roter Bete enthaltenen Vitamine. Deshalb solltet ihr, falls ihr die Rüben samt Blättern kaufen könnt, immer auch die Blätter mitverwenden. Diese gut waschen und in feine Streifen schneiden. Mit einem Schaschlikspieß testen, ob die Rüben innen durch sind. Etwas auskühlen lassen, dann am besten mit Handschuhen schälen und in Scheiben oder Würfel schneiden. Den Apfel waschen, Kerngehäuse entfernen und die Frucht entweder reiben oder in feine Stücke schneiden. Die Walnüsse trocken anrösten und grob mit den Händen zerbröseln. Alle Zutaten mit Zucker, Essig und Sauerrahm zu einem Salat anmachen und mit Salz und Pfeffer abschmecken.

TIPP

Versucht auch unbedingt mal diese Variante: Den Salat etwas feiner schneiden und als eine Art Cole Slaw in den Wildburger von Seite 176 geben. Dazu dann noch ein paar Süßkartoffel-Wedges aus dem Ofen ... yummy!!!

FÜR 2 PORTIONEN

★ schnell ★ vegetarisch

Südtiroler Knödelsalat

WINTERZEIT IST KNÖDELZEIT. DIESEN LECKEREN UND SÄTTIGENDEN SALAT HABE ICH BEIM SKITOUREN IN EINEM KLEINEN TAL IN SÜDTIROL ENTDECKT. OFT BLEIBEN EIN PAAR SEMMELKNÖDEL VOM SONNTAGSBRATEN ÜBRIG. NATÜRLICH RENTIERT ES SICH AUCH, FÜR DIESEN HERRLICHEN SALAT AUS ALTBACKENEM BROT ODER SEMMELN EIN PAAR FRISCHE KNÖDEL ZU KOCHEN. AUF SEITE 214 FINDET IHR EIN SEMMELKNÖDEL-GRUNDREZEPT.

FÜR DEN SALAT DIE GEKOCHTEN KNÖDEL ETWAS ABKÜHLEN LASSEN.

2–3 SEMMELKNÖDEL ODER SPINATKNÖDEL
2 EL BUTTER
2 HANDVOLL RUCOLA
2 HANDVOLL BITTERER SALAT, Z.B. CHICOREE, RADICCHIO, EICHBLATT
3 EL WEISSER BALSAMICIOESSIG
2 EL OLIVENÖL
SALZ UND PFEFFER
½ TL SCHARFER SENF, Z.B. DIJON
½ TL ZUCKER
½ BUND SCHNITTLAUCH, IN RÖLLCHEN GESCHNITTEN
1 STÜCK FRISCHER PARMESAN (NACH BELIEBEN)

Die Knödel in Scheiben schneiden und mit der Butter in einer Pfanne leicht golbraun anbraten. Die Pfanne zur Seite stellen. Die Salate putzen, waschen, trocken schleudern oder abtropfen lassen und mischen. In einem Schraubglas aus Essig, Öl, Salz, Pfeffer, Senf, Zucker und Schnittlauch das Dressing mischen und mit aufgeschraubtem Deckel verschütteln. Den Salat mit dem Dressing marinieren, die lauwarmen Knödelscheiben darauf anrichten und Parmesan, falls verwendet, darüberhobeln.

Mit ein paar gerösteten Pinien- oder Kürbiskernen könnt ihr den Salat noch etwas aufpeppen.

DIE TAJINE IST EIN AUS MAROKKO STAMMENDES TONGEFÄSS, IN DEM IHR HERRLICH SAFTIGE GERICHTE SCHMOREN KÖNNT. WER KEINE TAJINE HAT, KANN SICH MIT DEM GUTEN, ALTEN RÖMERTOPF BEHELFEN ODER EINFACH EINEN SCHWEREN TOPF MIT DECKEL VERWENDEN. DIE AROMENVIELFALT DER TAJINE HABE ICH BEI MEINEN SURFTRIPS NACH MAROKKO KENNENGELERNT. EGAL OB FLEISCH, FISCH ODER GEMÜSE PUR, IN DER TAJINE SCHMECKT ALLES HERRLICH AROMATISCH UND SAFTIG.

Tajine mit Salzzitrone

FÜR 2 PORTIONEN

ZUTATEN

1 WEISSE ODER ROTE ZWIEBEL
1–2 KNOBLAUCHZEHEN
1 KLEINE CHILISCHOTE (NACH BELIEBEN)
4 EL OLIVENÖL
SAFT VON ½ ZITRONE
SALZ UND PFEFFER
1 TL RAS EL HANOUT ODER ½ TL GEMAHLENER KREUZKÜMMEL
½ TL PAPRIKAPULVER
FRISCHE KRÄUTER, AM BESTEN KORIANDER UND/ODER PETERSILIE
2 HÄHNCHENKEULEN
1 PAPRIKASCHOTE
1 KLEINE ZUCCHINI
2 VORWIEGEND FESTKOCHENDE KARTOFFELN
3 FRISCHE, REIFE TOMATEN ODER 1 DOSE GEHACKTE TOMATEN
½ SALZZITRONE (SEITE 25), IN KLEINE STÜCKE GESCHNITTEN

ZUBEREITUNG

Zuerst braucht ihr die sogenannte Chermoula, die Würzmarinade für das Huhn. Die Zwiebel abziehen und die Hälfte fein würfeln, den Knoblauch abziehen und fein hacken und die Chilischote, falls verwendet, ebenfalls fein hacken. Alles mit 3 Esslöffeln Olivenöl und Zitronensaft mischen. Die Chermoula mit Salz, Pfeffer, Ras el Hanout oder Kreuzkümmel und Paprika würzen. Gut verrühren, ein wenig von den Kräutern hacken und dazugeben. Die Hähnchenkeulen mindestens 1–2 Stunden darin marinieren.

Den Ofen auf 200 °C vorheizen. Das Gemüse waschen, die Kartoffeln schälen und alles in ca. 1 cm dicke Scheiben oder Streifen schneiden. Die übrige Zwiebel in Ringe schneiden und mit dem restlichen Olivenöl auf den Boden der Tajine verteilen. Erst Kartoffeln und Gemüse, dann die marinierten Hähnchenkeulen darauflegen. Die Tomaten fein hacken und mit der restlichen Chermoula mischen, ca. ½ Tasse Wasser zugeben, mit Salz und Pfeffer abschmecken und über die Tajine gießen. Den Deckel auflegen und die Tajine ca. 1 Stunde im heißen Ofen schmoren. Kurz aus dem Ofen nehmen (Vorsicht heiß!), die Hähnchenkeulen runternehmen und Salzzitronenstückchen unter das Gemüse mischen. Koriandergrün oder Petersilie im Ganzen darüberlegen, die Hähnchenkeulen wieder auf das Gemüse legen und die Tajine ohne Deckel ca. 15 Minuten im Ofen weitergaren, bis das Huhn schön braun und knusprig ist. Bei Fisch, Gemüse oder Lammfleisch entfällt dieser Schritt.

Ihr könnt das Gericht direkt in der Tajine servieren, so bleibt es schön heiß. Traditionell gibt es dazu Fladenbrot. Ein Rezept dafür findet ihr auf Seite 67.

TIPP

Ihr könnt die Zutaten in der Tajine je nach Geschmack und verfügbaren Zutaten ändern. Lammfleisch oder Fisch schmeckt köstlich, und auch rein vegetarisch zubereitet, habt ihr immer ein herrlich aromatisches Gericht. Denkt bei weichem Gemüse an die Garzeit und passt evtl. die Schnittgröße etwas an.

Die Tajine wird traditionell auf ein Kohlestövchen gestellt, ihr könnt sie also auch mit einem Holzfeuer, im Holzofen oder auf auch auf Gas benutzen. Achtet dann aber darauf, sie langsam zu erwärmen, damit sie nicht springt. Nicht glasierte Tajines solltet ihr vor dem Gebrauch wässern.

★ vegetarisch ★ Immunbooster ★ Winterpicknick

Salat mit Blaukraut,
FENCHEL UND BLUTORANGE

DIESER KÖSTLICHE WINTERSALAT ÜBERZEUGT EINFACH VOLL, SOWOHL GESCHMACKLICH ALS AUCH DURCH SEINEN NÄHRWERT. ER IST BESONDERS REICH AN VITAMIN C UND HÄLT DIE LÄSTIGE SCHNUPFENNASE AUF DISTANZ.

FÜR *2 PORTIONEN*

½ KLEINER KOPF BLAUKRAUT
1 FENCHELKNOLLE
SALZ UND PFEFFER
6–8 EL WEISSER ESSIG
1–2 BLUTORANGEN
1 KLEINER APFEL
1 EL AHORNSIRUP ODER BRAUNER ZUCKER
4 EL OLIVENÖL
2 EL GROB GEHACKTE WALNUSSKERNE
½ FETAKÄSE, IN WÜRFEL GESCHNITTEN, ODER 4 SCHEIBEN ZIEGENROLLE (NACH BELIEBEN)

Den halben Krautkopf halbieren, Strunk entfernen, dann die Viertel in feine Scheiben schneiden. Dazu am besten Gummihandschuhe tragen und ein glattes Kunststoffbrett verwenden, da es sonst abfärbt. Natürlich geht das Schneiden auch super mit einem feinen Hobel oder einer Küchenmaschine. Jetzt den Fenchel vierteln, ebenfalls den Strunk entfernen, und fein hobeln. Beides zusammen in einer großen Schüssel mischen, kräftig salzen und pfeffern und den Essig zugeben. Den Salat, am besten immer noch mit Handschuhen, ca. 5 Minuten kräftig mit den Händen durchkneten.

Mit einem Messer die Schale von den Blutorangen abschneiden und das Fruchtfleisch würfeln. Den Apfel waschen, vierteln, Kerngehäuse entfernen und in feine Stücke schneiden. Die Orangen- und Apfelstücke mit dem Ahornsirup und dem Olivenöl unter den Salat mischen und noch mal abschmecken. Am besten den Salat vor dem Essen ca. 30 Minuten durchziehen lassen. Zum Servieren die Nüsse und den Ziegenkäse, falls verwendet, darübergeben.

Passt super zu gegrilltem Fleisch.

TIPP

Der Salat schmeckt auch unglaublich gut auf einem knusprigen Sandwich, dabei verzichte ich jedoch auf den Käse: Eine Krusti-Semmel halbieren, großzügig mit dem Salat belegen, dünne Scheiben gegrilltes Fleisch (Rind, Spanferkel oder Wild) darüberlegen, pfeffern und evtl. 1 Teelöffel Preiselbeeren darüberstreichen! Wer das Sandwich auf Tour genießen will, packt den Salat in eine kleine Box und legt nur die Fleischscheiben in die Semmel, sonst weicht diese durch, bis ihr sie essen wollt.

★ wärmt ★ Immunbooster

DURCH DEN FRISCHEN INGWER UND DIE CHILISCHOTE BREITET SICH EINE INNERE, WOHLIGE WÄRME AUS, DIE IM WINTER SEHR GUT TUT. ZUMAL DIE VITAMINREICHEN ZUTATEN UND DIE KURKUMA ZUSÄTZLICH DAS IMMUNSYSTEM STÄRKEN.

WÄRMENDES Wintercurry mit gelbem Reis

FÜR 2 PORTIONEN

½ HOKKAIDOKÜRBIS 2 KAROTTEN 1 SÜSSKARTOFFEL ½ PASTINAKE
1 HÄHNCHENBRUST (KANN AUCH DURCH ETWAS MEHR GEMÜSE ODER DURCH 200 G TOFU ERSETZT WERDEN) 1 EL SOJASAUCE 1 TL HONIG
2 EL FRISCH GEPRESSER LIMETTENSAFT SALZ UND PFEFFER 2 EL RAPSÖL
1 MITTELGROSSE ZWIEBEL 1–2 KNOBLAUCHZEHEN
3 EL ROTE CURRYPASTE (SEITE 23) 1 DOSE (400 ML) KOKOSMILCH
½ BUND KORIANDERGRÜN, GEHACKT

THAILÄNDISCHE WÜRZSAUCE (NACH BELIEBEN) 1 TL PALMZUCKER ODER BRAUNER ZUCKER ½ TL FISCHSAUCE
2 EL FRISCH GEPRESSER LIMETTENSAFT

REIS: 1 TASSE (200 G) REIS (BASMATI ODER JASMIN)
½ TL KURKUMA

Den Kürbis entkernen und das Fruchtfleisch in Stücke schneiden. Die Karotten, die Süßkartoffel und die halbe Pastinake schälen und ebenfalls in Stücke schneiden. Achtet bei den Schnittgrößen auf die unterschiedlichen Garzeiten (also z.B. Karotten kleiner schneiden als den Kürbis). Die Hähnchenbrust (oder den Tofu) in Würfel schneiden und mit Sojasauce, Honig, Limettensaft, Salz und Pfeffer marinieren.

Zwiebel und Knoblauch abziehen und hacken. Das Öl in einem Wok, Topf oder einer großen Pfanne erhitzen und Fleisch (oder den Tofu) mit Zwiebeln und Knoblauch darin anbraten. Currypaste und Gemüse zugeben, kurz durchühren und mit Kokosmilch ablöschen (evtl. etwas Wasser oder Gemüsebrühe zugeben). Das Curry 10–15 Minuten ganz leise köcheln lassen, am Ende die Würzsauce, falls verwendet, einrühren und noch mal mit Salz und Pfeffer abschmecken.

Den Reis kalt abspülen, mit der angegebenen Menge Wasser (meist das 1,5- bis 2-Fache der Reismenge) und etwas Salz und Kurkuma einmal aufkochen, dann auf kleinster Flamme bei geschlossenem Deckel ca. 10 Minuten ziehen lassen. Den Reis in Schalen oder tiefe Teller geben und das Curry darauf anrichten. Mit gehacktem Koriandergrün servieren.

PROFIWISSEN:
Durch das im schwarzen Pfeffer enthaltene Piperin wird die gesundheitsfördernde Wirkung des Curcumins in der Kurkuma um ein Vielfaches verstärkt.

LANGE
WINTERABENDE

EIN KNISTERNDES FEUER UND EISBLUMEN AN DEN FENSTERN DER STUBE. DRAUSSEN IST ES KLIRREND KALT. DER DUFT EINES KNUSPRIGEN BRATENS AUS DEM HOLZOFEN UND DIE WOHLIGE WÄRME WECKEN DIE VORFREUDE AUF EINEN GEMÜTLICHEN HÜTTENABEND. ES IST DIE ZEIT FÜR ECHTES „SLOW FOOD“. DIE KURZEN TAGE UND LANGEN ABENDE EIGNEN SICH SUPER, UM SICH AUCH MAL AN ETWAS AUFWENDIGERE REZEPTE ZU TRAUEN. GENUSS GARANTIERT!

WILDBURGER MIT SÜSSKARTOFFEL-WEDGES SEITE 176
WINTER-SCHWEINEBRATEN MIT DUNKELBIERSAUCE SEITE 181
DEFTIGES GULASCH SEITE 187
RINDERBRÜHE SEITE 188
TAFELSPITZ MIT WURZELGEMÜSE SEITE 192
TIROLER GRÖSTL MIT SUDFLEISCH UND BOHNEN SEITE 194
GRILLHENDL MIT WINTERLICHEN GEWÜRZEN AUS DEM HOLZOFEN SEITE 196
PASTA MIT WILDRAGOUT SEITE 198
PIZZOCCHERI SEITE 200
SPINATSPÄTZLE MIT RÖSTZWIEBELN SEITE 202
REHMEDAILLONS MIT RAHMWIRSING UND KARTOFFEL-SELLERIE-PÜREE SEITE 204
SCHUPFNUDELN MIT SAUERKRAUT SEITE 208
KASPRESSKNÖDEL MIT TIROLER GRAUKAS SEITE 210
ZILLERTALER KARTOFFELKRAPFERL SEITE 211
MAULTASCHEN SEITE 212
KNÖDELREZEPTE SEITE 214
BREZENAUFLAUF SEITE 216

BURGER SCHMECKEN NATÜRLICH AUCH IM WINTER RICHTIG GUT. WENN IHR WILDFLEISCH VERWENDET, ERLEBT IHR EIN WAHRHAFT LUXURIÖSES GESCHMACKS-FEUERWERK. HOCHWERTIGE ZUTATEN, BESONDERE KÄSE UND AUCH EIGENE KREATIVITÄT RUNDEN DEN BURGER ZUM ECHTEN HIGHLIGHT AB. BEI BURGERN MACHT ES AUCH EINEN GEWALTIGEN UNTERSCHIED, WENN IHR DIE BUNS (BURGERBRÖTCHEN) SELBER BACKT. WENN DAS WILDHACKFLEISCH GANZ FRISCH IST, KÖNNT IHR DEN BURGER AUCH LEICHT „MEDIUM" SERVIEREN. DA REH- UND HIRSCHFLEISCH RELATIV MAGER SIND, SOLLTET IHR ABER NACH MÖGLICHKEIT ETWAS FETTES HACKFLEISCH, Z.B. VOM WILDSCHWEIN ODER VON DER GAMS (AKA GEMSE), UNTERMISCHEN. NOTFALLS GEHT NATÜRLICH AUCH ETWAS NORMALES SCHWEINEHACK.

★ deluxe ★ Holzofen

Wildburger mit Süßkartoffel-Wedges

FÜR 4–6 BUNS

GELBE BURGERBUNS

½ TASSE (125 ML) LAUWARME MILCH   1 EL ZUCKER   ⅓ WÜRFEL FRISCHHEFE
20 G FLÜSSIGE BUTTER   250 G WEIZENMEHL, TYPE 550, ODER HELLES DINKELMEHL   ½ TL SALZ
½ TL KURKUMA, 1 TL GEHACKTER THYMIAN, 1 TL GEHACKTER ROSMARIN   2 EIER, ZIMMERWARM
MISCHUNG AUS 1 TL KORIANDER, ½ TL ANGERÖSTETEM UND GEMÖRSERTEM PIMENT UND 1 TL SESAM

Warme Milch, Zucker, Hefe und Butter zu einem Vorteig verrühren. Abdecken und stehen lassen, bis er leicht schäumt. Mehl, Salz sowie Kurkuma, Thymian und Rosmarin in einer Schüssel mischen. Ein Ei dazugeben, den Vorteig einrühren und den Teig kräftig durchkneten. Wird er zu klebrig oder zu fest, etwas Mehl bzw. Milch einarbeiten. Abdecken und 1 Stunde gehen lassen. Anschließend nochmals kurz die Luft herauskneten. Sechs flache Buns formen, abdecken und diese nochmals etwa 30 Minuten gehen lassen.

Den Backofen auf 190 °C vorheizen. Das übrige Ei mit etwas Wasser verquirlen. Die Buns damit einpinseln und mit der Koriander-Piment-Sesam-Mischung bestreuen. 20 Minuten im heißen Ofen goldbraun backen. Die Buns mit einem Geschirrtuch abgedeckt auskühlen lassen, so bleiben sie weich.

Die Buns gleich verbrauchen oder in Beuteln einfrieren.

WILDBURGER

2 BURGERBUNS

300 G WILDHACK (Z.B. 70% REH, 30% WILDSCHWEIN)
½ TL SALZ UND PFEFFER 1 ESSIGGURKE 1 REIFE TOMATE (Z.B. OCHSENHERZ)
4 SCHEIBEN BACON 1 ROTE ZWIEBEL 1 EL BALSAMICO 2 TL BBQ-SAUCE
2 TL PREISELBEEREN AUS DEM GLAS 2 SCHEIBEN WEICHKÄSE (TALEGGIO ODER BLAUSCHIMMELKÄSE) 1 HANDVOLL WILDKRÄUTERSALAT 2 TL FEIGENSENF (S.30)

OPTIONAL: *FRISCHE KRESSE ODER SPROSSEN*

Den Grill anheizen. Das Hackfleisch mit Salz und Pfeffer würzen und gut durchkneten. Mit feuchten Händen zwei Patties formen, etwas größer als die Buns, da sie beim Grillen leicht schrumpfen. Gurke und Tomate in Scheiben schneiden. Den Bacon in einer Pfanne kross braten. Herausnehmen und beiseitestellen. Die Zwiebel in feine Ringe schneiden und in dem übrigen Fett glasig anschwitzen. Mit Balsamico ablöschen und kurz einkochen lassen. Die BBQ-Sauce in einem Schälchen mit den Preiselbeeren verrühren.

Die Burger angrillen, wenden und mit Käse belegen. Die Buns halbieren und auf den Schnittseiten kurz auf dem Grill antoasten.

Alle Zutaten auf die unteren Hälften der Buns geben und die Burger vor dem Zuklappen mit Kresse und Sprossen, falls verwendet, bestreuen.

SÜSSKARTOFFEL-WEDGES

3–4 GROSSE SÜSSKARTOFFELN
3–4 EL OLIVENÖL
GROBES MEERSALZ (Z.B. FLEUR DE SEL)

Am besten passen Süßkartoffel-Wedges zu dem Burger. Dafür einfach Süßkartoffeln schälen, in fingerdicke Streifen schneiden und in einer Schüssel mit Olivenöl und groben Meersalz vermischen. Die Wedges auf einem Backblech bei 200 °C etwa 30 Minuten backen, bis sie weich und goldbraun sind.

Schweinebraten

Dieser herrlich knusprige Braten gelingt immer. Er gehört einfach zu einem langen Hüttenabend und wird eure Gäste verzaubern! Am besten serviert ihr den Braten zusammen mit dem Ofengemüse (Seite 136–139). Ihr könnt es natürlich zusammen mit dem Fleisch während der letzten 45 Minuten im Ofen garen und habt so keinen Stress am Herd. Die klassische Variante mit Kümmel wird mit Kartoffeln oder Semmelknödeln (Seite 214) und dem selbst gekochten Blaukraut (Seite 29) aufgetischt. Achtet beim Holzofen darauf, dass er nicht zu heiß wird. Je langsamer der Braten gart, desto saftiger bleibt er.

TIPP

Wenn ihr viel Zeit habt und ein echtes Slow-Cooking-Gericht auf den Tisch bringen wollt, dann gart den Braten bei Niedrigtemperatur. Das bedeutet, dass ihr das Fleisch nach dem Anbraten bei 80 °C etwa 4 Stunden im Ofen gart. Während der letzten 20 Minuten die Hitze auf 160–180 °C hochstellen, so wird die Kruste schön knusprig. Zusammen mit der winterlichen Gewürzmischung ist der Braten ein wunderbares Geschmackserlebnis mit einer besonderen Note und dazu noch besonders saftig und zart.

★ deluxe ★ Slow Food ★ Holzofen

WINTER-Schweinebraten MIT DUNKELBIERSAUCE

FÜR 4–6 PERSONEN

ZUTATEN

500 G RÖSTGEMÜSE
(Z.B. KAROTTEN, SELLERIE,
ZWIEBEL, PETERSILIENWURZEL)
2 KNOBLAUCHZEHEN
1,5 KG KRUSTENBRATEN, Z.B. SCHULTER
VOM GLÜCKLICHEN SCHWEIN ODER WILDSCHWEIN
SALZ, PFEFFER, PAPRIKAPULVER
1 EL SENF
2 EL ÖL, ZUM ANBRATEN
300 G KNOCHEN ODER EINZELN GESCHNITTENE SPARERIBS
1–2 EL MEHL
1 EL TOMATENMARK
½ L BRÜHE, FOND ODER WASSER
½ L DUNKELBIER

WINTER-GEWÜRZMISCHUNG:
½ TL WACHHOLDER, ½ TL PIMENT,
2–3 NELKEN , 1 MSP. ZIMT,
1 BIO-ORANGE GEWÜRFELT,
1 EL HONIG

TIPP

Für einen klassischen Schweinebraten verwende ich ½ TL ganzen Kümmel statt der Wintergewürzmischung.

ZUBEREITUNG

Den Ofen auf 160 °C Umluft vorheizen oder Holz einschüren.

Das Gemüse waschen (Zwiebeln abziehen) und grob würfeln. Den Knoblauch samt Schale andrücken.

Den Braten kräftig mit Salz, Pfeffer, Paprika würzen und das Fleisch mit Senf bestreichen. Die Schwarte rautenförmig einritzen. Das Öl in einem Bräter erhitzen und den Braten rundum, gemeinsam mit den Knochen, gut anbraten. Herausnehmen und beisseitestellen. Nun das Gemüse im Bratfett goldbraun rösten, mit Mehl bestäuben, Tomatenmark und Gewürze zugeben. Brühe oder Wasser angießen. Das Fleisch mit der Schwarte nach unten auf das Gemüse legen und mit etwas Bier ablöschen.

Den Bräter in den Ofen schieben und das Fleisch etwa 1 Stunde schmoren, dabei ab und zu etwas Bier angießen. 1 weitere Stunde schmoren, gelegentlich mit restlichem Bier begießen. Dann die Hitze 10 Minuten erhöhen, bis die Kruste schön braun und knusprig ist. Wird sie bereits dunkel, mit Alufolie abdecken. Braten und ggf. Spareribs (auch die schmecken jetzt köstlich) aus der Sauce heben. Die Sauce in einen Topf absieben und etwas einkochen. Abschmecken. Den Braten bis zum Servieren warm stellen, dann in Scheiben aufschneiden und mit der Sauce servieren.

Energie ★ Slow Food ★ Holzofen ★

FÜR 4 PERSONEN

Deftiges Gulasch

5 GROSSE WEISSE ZWIEBELN   1 KAROTTE   2–3 KNOBLAUCHZEHEN
1 KG RINDERGULASCH   SALZ UND PFEFFER   2 EL BRATÖL ODER BUTTERSCHMALZ
2–3 EL TOMATENMARK   ½ FLASCHE ROTWEIN
GULASCHGEWÜRZ: JE 1 TL SCHARFES UND SÜSSES PAPRIKAPULVER, 1 TL GEMÖRSERTER KÜMMEL, ½ TL ROHRZUCKER   1 EL MEHL   2 TASSEN RINDERBRÜHE (SEITE 188)
2–3 LORBEERBLÄTTER   ½ BUND PETERSILIE, GEHACKT

Die Zwiebeln abziehen und in Ringe oder feine Streifen schneiden. Die Karotte schälen und fein hacken. Den Knoblauch abziehen und fein hacken.

Das Fleisch mit Salz und Pfeffer würzen. Das Öl in einem Bräter oder großen Topf erhitzen und das Fleisch darin portionsweise scharf anbraten. Herausnehmen und beiseite stellen. Nun die Zwiebeln im Bratfett anrösten, das Tomatenmark zugeben, mit etwas Rotwein ablöschen und den Bratensatz lösen. Das wiederholt ihr zwei- bis dreimal, beim letzten Mal das Gulaschgewürz und das Mehl zugeben. Nun das Fleisch zurück in den Topf geben. Die Brühe angießen, Lorbeer und Karottenwürfel zugeben, alles mit Salz und Pfeffer würzen und gut umrühren. Aufkochen und zugedeckt auf kleiner Flamme 1 ½–2 Stunden schmoren. 20 Minuten vor dem Ende der Garzeit den fein gehackten Knoblauch unterrühren.

Das Gulasch vor dem Servieren mit der gehackten Petersilie bestreuen und mit Semmelknödeln (Seite 214), Bandnudeln, herzhafter Polenta, Spätzle, Reis oder Brot servieren.

TIPP

Wenn es mal schnell gehen soll, könnt ihr das Gulasch auch im Schnellkochtopf zubereiten, dann halbiert sich die Schmorzeit auf etwa 1 Stunde.
Die Reste vom Gulasch eignen sich super zum Mitnehmen in der Thermoskanne.

VARIANTE SZEGEDINER GULASCH:

1 KLEINE DOSE SAUERKRAUT   ½ BECHER SAUERRAHM

Das Gulasch wie oben beschrieben zubereiten. In der zweiten Hälfte der Schmorzeit das abgetropfte Sauerkraut zugeben und am Ende den Sauerrahm einrühren.

★ für morgen ★ Immunbooster ★ Slow Food

DIE GRUNDLAGE VIELER SUPPEN UND SAUCEN IST EINE KRÄFTIGE BRÜHE. SIE SCHMECKT EINFACH KÖSTLICH UND GIBT EUCH RICHTIG KRAFT. DEN UNTERSCHIED ZU FERTIGPRODUKTEN BRAUCHE ICH NICHT ZU ERWÄHNEN, WENN IHR DEN ERSTEN LÖFFEL DAVON PROBIERT HABT. NATÜRLICH IST EINE SELBST GEKOCHTE BRÜHE AUCH FREI VON GESCHMACKSVERSTÄRKERN UND ANDEREN UNERWÜNSCHTEN ZUTATEN. ICH PERSÖNLICH VERWENDE IMMER BIO-GEMÜSE, BEIM FLEISCH IST MIR VOR ALLEM DIE REGIONALE HERKUNFT AUS MIR BEKANNTEN BETRIEBEN WICHTIG. IHR KÖNNT DIE BRÜHE AUCH VORKOCHEN UND IN KLEINEN BOXEN VORPORTIONIERT EINFRIEREN, SO HABT IHR IMMER, GANZ OHNE STRESS, BRÜHE PARAT, WENN IHR SIE ZUM KOCHEN BRAUCHT.

Rinderbrühe

FÜR 2 LITER

500 G RINDERKNOCHEN, GESCHNITTEN ODER GEHACKT
1 KG SUPPENFLEISCH (Z.B. TAFELSPITZ)
JE EIN PAAR PFEFFER-, PIMENT-, SENF- UND KORIANDERKÖRNER
1–2 LORBEERBLÄTTER 3–4 KAROTTEN ½ STANGE LAUCH
¼ KNOLLE ODER 4 STÄNGEL SELLERIE 1–2 KNOBLAUCHZEHEN
1-2 ZWIEBELN 1 BUND PETERSILIE
1 TL SALZ

Die Knochen kalt abwaschen und mit dem Fleisch in einen hohen Topf geben. 2 Liter kaltes Wasser zugeben und erhitzen. Die Gewürze dazugeben und die Suppe einmal aufkochen, dann die Hitze reduzieren und etwa 1 Stunde ganz leise köcheln lassen. Den Schaum, der sich durch das gerinnende Eiweiß bildet, mit einer Schaumkelle abschöpfen. Das Gemüse waschen und in grobe Würfel schneiden, Knoblauch abziehen und halbieren.

Die Zwiebeln ungeschält halbieren und mit den Schnittflächen nach unten in einer Pfanne oder direkt auf der heißen Platte des Holzofens braun anrösten, das gibt der Brühe zusätzlich Farbe. Gemüse, Knoblauch und Zwiebeln sowie die Petersilie im Ganzen zugeben.

Die Brühe 1 weitere Stunde simmern lassen. Ab und an mit einer Fleischgabel in den Tafelspitz stechen: Wenn dieser sich leicht von der Gabel löst und der austretende Fleischsaft klar ist, ist er gar und kann herausgenommen werden. Wollt ihr ihn gleich essen, warm stellen. Sonst in kaltes Wasser mit 1 Teelöffel Salz einlegen. Die Brühe mit Salz abschmecken und durch ein Sieb abpassieren.

TIPP

Wenn ihr die Brühe etwas feiner haben wollt, könnt ihr auch Fleisch und Knochen vom Kalb verwenden. Wenn die Suppe ganz klar sein soll, lasst ihr sie nach dem Passieren abkühlen, vermischt etwa 300 g Hackfleisch mit ein- bis zwei Eiweißen und klein gehacktem Wurzelgemüse, gebt das in den Topf und erhitzt die Suppe noch mal langsam und ohne zu rühren. So wird sie geklärt und geschmacklich konzentriert und ihr bekommt eine herrliche Kraftbrühe. Jetzt noch mal passieren, fertig!

FIELD
NOTES
48-Page Memo Book
Durable Materials / Made in the U.S.A.

IMMER WIEDER MAL WERDE ICH GEFRAGT, WAS DENN MEIN LIEBLINGSESSEN SEI. DANN GEHÖRT EIN WUNDERBAR SAFTIGER TAFELSPITZ BESTIMMT AN DEN ANFANG DER LISTE. EIN KLASSISCHES GERICHT, DAS FRISCH GEKOCHT PERFEKT MIT ALLEN ZUTATEN HARMONIERT UND NOCH DAZU SEHR GESUND IST.

Tafelspitz MIT WURZELGEMÜSE

FÜR 4 PORTIONEN

1 KG FESTKOCHENDE KARTOFFELN
1 KG GEKOCHTER TAFELSPITZ
(SIEHE RINDERBRÜHE SEITE 188)
1 SCHALOTTE
2 EL BUTTER
2 EL MEHL
1–2 SCHÖPFER BRÜHE
½ BECHER SAHNE
½ FRISCHER MEERRETTICH
SALZ UND MUSKAT
2 KAROTTEN ½ STANGE LAUCH
1 STÜCK SELLERIE
1 BUND SCHNITTLAUCH

Die Kartoffeln in einem Topf mit Salzwasser gar kochen, schälen und warm stellen.

Den Tafelspitz, falls er nicht ohnehin noch heiß in der Brühe schwimmt, in dünne Scheiben schneiden und entweder in etwas Brühe oder Salzwasser langsam erwärmen.

Die Schalotte abziehen und fein hacken, in 1 Esslöffel Butter in einer kleinen Kasserolle andünsten und mit Mehl bestäuben. Mit Brühe ablöschen und die Sahne einrühren. Den Meerrettich hineinreiben. Wer mag, mixt die Sauce kurz mit dem Stabmixer auf. Abgeschmeckt wird mit Salz und etwas Muskat.

Das Gemüse waschen, schälen und in fingerlange, dünne Streifen schneiden. In einer Pfanne mit der restlichen Butter und etwas Wasser und Salz kurz andünsten. Den Schnittlauch fein hacken.

Jetzt die Tafelspitzscheiben mittig auf vorgewärmte Teller verteilen und mit der Meerrettichsauce übergießen. Die Kartoffeln außen herum anrichten und die Gemüsestreifen auf das Fleisch geben. Etwas frischen Meerrettich darüberreiben und das Gericht mit Schnittlauch garnieren.

★ deluxe ★ Energie

★ schnell ★ Energie

EIN RICHTIG DEFTIGER HÜTTENSCHMAUS, DER SICH IMMER AUCH SUPER ZUR VERWERTUNG VON RESTEN EIGNET. AM LIEBSTEN MAG ICH DAZU EINE RICHTIG DICKE SCHEIBE DUFTENDES BAUERNBROT MIT BUTTER.

Tiroler Gröstl
MIT SUDFLEISCH UND BOHNEN

FÜR 2 PORTIONEN

ZUTATEN

4 SCHEIBEN GEKOCHTER TAFELSPITZ ODER ANDERES SUPPENFLEISCH (SIEHE RINDERBRÜHE SEITE 188)
4 GEKOCHTE MITTELGROSSE KARTOFFELN (ODER RESTE VOM VORTAG)
2 EL OLIVENÖL
1 WEISSE ODER ROTE ZWIEBEL
½ TL KÜMMEL
1 BUND GRÜNE BOHNEN
½ EL BUTTER
2–4 EIER
SALZ UND PFEFFER
½ BUND PETERSILIE ODER SCHNITTLAUCH
½ TL GETR. OREGANO (OPTIONAL)

ZUBEREITUNG

Das Sudfleisch in Rauten schneiden. Die Kartoffeln schälen, in Scheiben schneiden und im Olivenöl in einer Pfanne goldbraun rösten. Die Zwiebel abziehen und würfeln und den Kümmel dazugeben und mitrösten. Die Bohnen evtl. kurz blanchieren, in Stücke schneiden und zusammen mit dem Sudfleisch und der Butter zugeben.

Die Eier entweder verquirlen und darübergeben oder in einer zweiten Pfanne zu Spiegeleiern braten. Das Gröstl mit Salz und Pfeffer würzen und mit reichlich gehackten Kräutern bestreuen. Am besten wird das Gröstl in einer schweren Gusspfanne serviert, aus der ihr gemeinsam esst.

VEGETARISCHE VARIANTE:
Statt Fleisch mehr grünes Gemüse, z.B. grünen Spargel, Lauch oder Broccoli, verwenden.

Grillhendl

MIT WINTERLICHEN GEWÜRZEN AUS DEM HOLZOFEN

DAS PERFEKT KNUSPRIGE HÄHNCHEN GELINGT GARANTIERT, AUCH WENN IHR GERADE KEINEN HOLZOFEN ZUR VERFÜGUNG HABT! ALS BEILAGE LIEBE ICH KARTOFFEL-WEDGES MIT ROSMARIN, DIE ICH NACH 15-20 MINUTEN EINFACH ZUM HÄHNCHEN IN DEN OFEN SCHIEBE. DAZU ROCKT AUCH DER BLAUKRAUTSALAT VON SEITE 166!!!

1 HÄHNCHEN MIT ETWA 1 KG, AM BESTEN BIO
1 TL GEWÜRZMISCHUNG (SIEHE UNTEN) SALZ UND PFEFFER
2 ROSMARINZWEIGE 3 KNOBLAUCHZEHEN
1 SALZZITRONE (SEITE 25) 2 EL OLIVENÖL

WINTER-GEWÜRZMISCHUNG
½ TL PIMENT, 2 NELKEN, 1 MSP. ZIMT,
½ TL KORIANDERKÖRNER

KLASSISCHE GEWÜRZMISCHUNG
½ TL PAPRIKAPULVER
1 MSP. CAYENNEPFEFFER
1 MSP. KURKUMA
1 MSP. KREUZKÜMMEL

★ Energie ★ Holzofen

FÜR 2-3 PORTIONEN

Den Ofen auf 200 °C Umluft vorheizen oder Holz einschüren.

Das Hähnchen mit Küchenpapier trocken tupfen. Die ganzen Körner der Gewürzmischung kurz trocken anrösten, dann alle Zutaten mörsern oder mahlen. Das Hähnchen innen und außen salzen und pfeffern. Eine Knoblauchzehe abziehen und in dünne Scheiben schneiden. Die Haut an der Brust mit den Fingern vorsichtig ablösen und etwas frischen Rosmarin und ein paar Knoblauchscheiben in die entstandenen Taschen schieben. Die restlichen beiden Knoblauchzehen ungeschält vierteln, die Salzzitrone würfeln. Beides mit dem restlichen Rosmarin in den Bauch füllen.

Die Gewürzmischung mit dem Olivenöl anrühren und mit den Händen oder einem Pinsel auf dem Hähnchen verteilen, am besten leicht einmassieren. Wenn ihr wollt, bindet die beiden Keulen mit einem Stück Küchengarn zusammen.

Das Hähnchen in einer Reine oder auf einem Blech mit der Brust nach unten in den Ofen schieben. Nach 30 Minuten wenden, weitere 15 Minuten braten, dann nachschüren bzw. den Ofen auf 225 °C hochheizen, damit das Huhn schön knusprig wird. Wer Zeit und Lust hat, kann das Hähnchen mit dem heruntergelaufenen Fett einpinseln.

Vor dem Servieren mit einem Schaschlikspieß oder Messer in eine Keule stechen. Wenn klarer Fleischsaft austritt, ist das Hähnchen gar. Ist Blut dabei, braucht es noch ein paar Minuten.

WEDGES:

400 g kleine, festkochende Kartoffeln, z.B. Drillinge

½ TL grobes Meersalz oder Fleur de sel

1 Rosmarinzweig

3–4 EL Olivenöl

Die Kartoffeln waschen und halbieren oder vierteln, die Rosmarinblätter vom Stängel zupfen. Beides in eine kleine Reine geben und mit Salz und Öl durchmischen. Brauchen im Ofen 40–45 Minuten.

FÜR 2 PORTIONEN

★ deluxe ★ Energie ★ Slow Food

Pasta mit Wildragout

FÜR DIESES WINTERLICHE PASTAGERICHT VERWENDE ICH VORZUGSWEISE KLEINE, KOMPAKTE NUDELN. ORECCHIETTE ODER SARDISCHE NUDELSORTEN WIE STROZZAPRETI ODER MALLOREDDUS PASSEN HERVORRAGEND ZU DER DUNKLEN, SCHWEREN AROMENDICHTE DES RAGOUTS. EINEN KLEINEN FRISCHEKICK BEKOMMT IHR MIT DER GREMOLATA ALS TOPPING.

PASTA UND RAGOUT:

2 KAROTTEN — 1 STANGE SELLERIE — 1 ZWIEBEL — 2 KNOBLAUCHZEHEN
300 G WILDFLEISCH (Z.B. WILDSCHWEIN, REH ODER HIRSCH)
SALZ UND PFEFFER — 2 EL ÖL, ZUM BRATEN — 1–2 EL TOMATENMARK
1 GLAS ROTWEIN — 2 EL MEHL — 1 TASSE BIO-GEMÜSEBRÜHE ODER WILDFOND
½ DOSE TOMATEN — JE 4 PIMENTKÖRNER UND WACHOLDERBEEREN
1 LORBEERBLATT — 2 STÄNGEL FRISCHER THYMIAN, GEHACKT
1 EL PREISELBEEREN — 250 G PASTA

GREMOLATA:

1 KNOBLAUCHZEHE — 1 BIO-ZITRONE, HEISS GEWASCHEN
½ BUND PETERSILIE

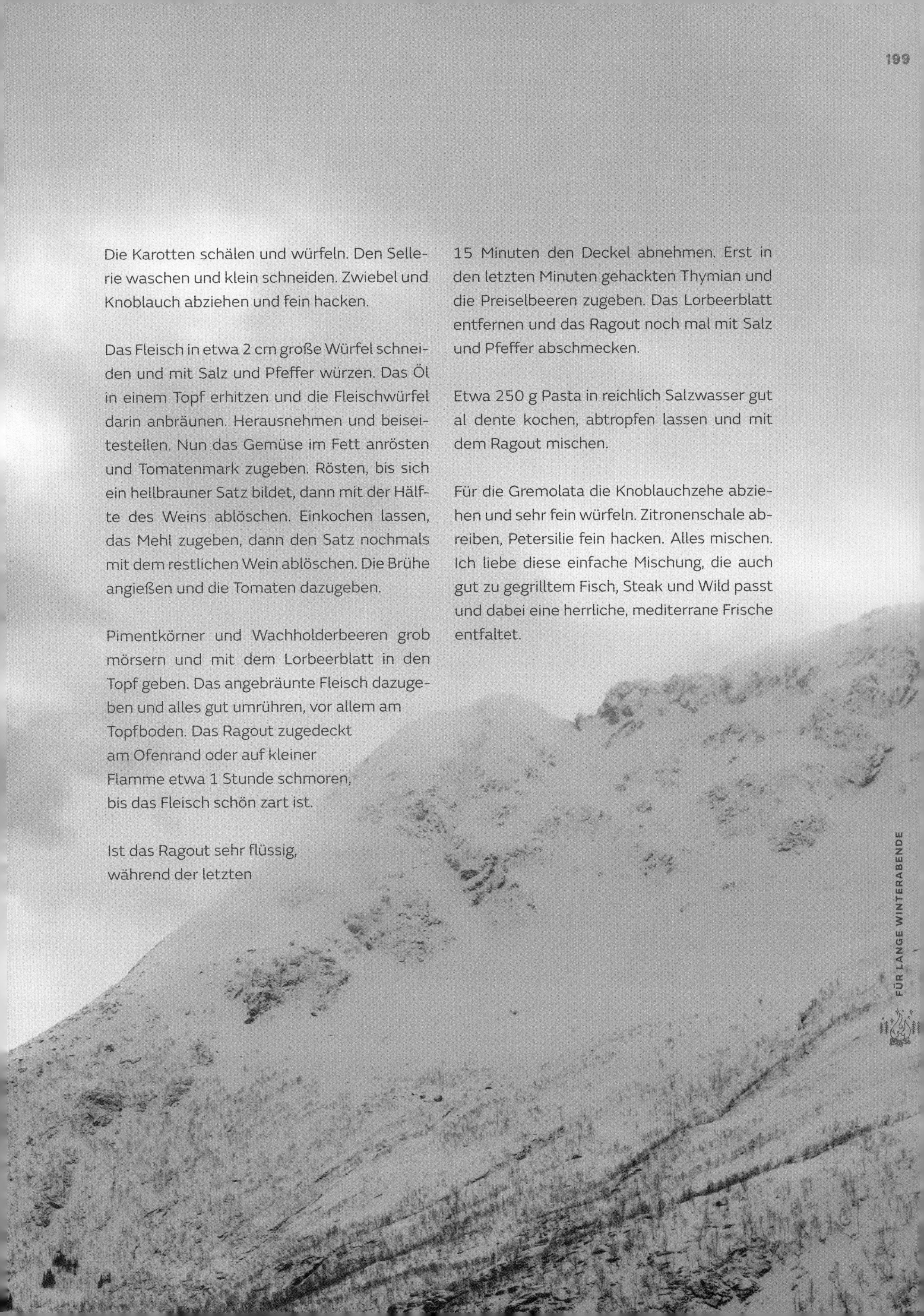

Die Karotten schälen und würfeln. Den Sellerie waschen und klein schneiden. Zwiebel und Knoblauch abziehen und fein hacken.

Das Fleisch in etwa 2 cm große Würfel schneiden und mit Salz und Pfeffer würzen. Das Öl in einem Topf erhitzen und die Fleischwürfel darin anbräunen. Herausnehmen und beiseitestellen. Nun das Gemüse im Fett anrösten und Tomatenmark zugeben. Rösten, bis sich ein hellbrauner Satz bildet, dann mit der Hälfte des Weins ablöschen. Einkochen lassen, das Mehl zugeben, dann den Satz nochmals mit dem restlichen Wein ablöschen. Die Brühe angießen und die Tomaten dazugeben.

Pimentkörner und Wachholderbeeren grob mörsern und mit dem Lorbeerblatt in den Topf geben. Das angebräunte Fleisch dazugeben und alles gut umrühren, vor allem am Topfboden. Das Ragout zugedeckt am Ofenrand oder auf kleiner Flamme etwa 1 Stunde schmoren, bis das Fleisch schön zart ist.

Ist das Ragout sehr flüssig, während der letzten 15 Minuten den Deckel abnehmen. Erst in den letzten Minuten gehackten Thymian und die Preiselbeeren zugeben. Das Lorbeerblatt entfernen und das Ragout noch mal mit Salz und Pfeffer abschmecken.

Etwa 250 g Pasta in reichlich Salzwasser gut al dente kochen, abtropfen lassen und mit dem Ragout mischen.

Für die Gremolata die Knoblauchzehe abziehen und sehr fein würfeln. Zitronenschale abreiben, Petersilie fein hacken. Alles mischen. Ich liebe diese einfache Mischung, die auch gut zu gegrilltem Fisch, Steak und Wild passt und dabei eine herrliche, mediterrane Frische entfaltet.

FÜR 2 PORTIONEN

schnell · vegetarisch · Energie

DIE HERZHAFTEN PIZZOCCHERI KOMMEN URSPRÜNGLICH AUS DER LOMBARDEI. MAN MERKT DEM GERICHT MIT BUCHWEIZENNUDELN GLEICH AN, DAS ES AUS DER ITALIENISCH-SCHWEIZERISCHEN GRENZREGION STAMMT. PASTA, KARTOFFELN UND KÄSE SIND IM WINTER EINE PERFEKTE, DEFTIGE STÄRKUNG. DECKT EUCH AM BESTEN IN ITALIEN MIT EIN PAAR PACKUNGEN PIZZOCCHERI EIN, IHR BEKOMMT SIE ABER AUCH ZU HAUSE ODER ÜBERS INTERNET. ALTERNATIV KÖNNT IHR AUCH DUNKLE DINKELPASTA VERWENDEN.

Pizzoccheri

ZUTATEN

200 G VORWIEGEND FESTKOCHENDE KARTOFFELN
¼ WIRSINGKOHL SALZ 150 G PIZZOCCHERI DELLA VALTELLINA
1 KNOBLAUCHZEHE 1 SALBEIZWEIG 1 EL BUTTER
1 TASSE GERIEBENER BERGKÄSE ODER PARMESAN PFEFFER, MUSKAT

ZUBEREITUNG

Es gibt mehrere Möglichkeiten, die Pizzoccheri zuzubereiten. Am einfachsten finde ich die One-pot-Variante, die ich hier erkläre.

Die Kartoffeln schälen und in Würfel oder dünne Scheiben schneiden. Wirsingblätter waschen und in große Rauten schneiden. Reichlich Wasser in einem hohen Topf aufkochen und kräftig salzen. Pizzoccheri und Kartoffelstücke zugeben. Wenn beide noch richtig gut al dente sind, den Wirsing zugeben. Alles zusammen gar kochen. Durch ein Sieb abgießen, dabei einen Teil des Abtropfwassers auffangen. Den Knoblauch abziehen und fein hacken, die Salbeiblätter in feine Streifen schneiden. Die Butter in einer Pfanne zerlassen, Knoblauch und Salbei kurz darin andünsten. Die Kartoffel-Pasta-Mischung in die Pfanne geben und geriebenen Käse darüberstreuen. Alles gut durchrühren oder -schwenken. Etwas von dem Abtropfwasser zugeben, bis ihr eine schön cremige Konsistenz erhaltet. Mit Salz, Pfeffer und Muskat würzen und in der Pfanne servieren.

PROFITIPP:

Habt ihr eine Nudelmaschine zu Hause, könnt ihr Pizzoccheri auch ganz leicht selbst herstellen. Knetet dazu einen geschmeidigen Teig aus 150 g Buchweizenmehl, 100 g Hartweizenmehl, 3 großen Eiern und ½ Teelöffel Meersalz. Lasst ihn kurz im Kühlschrank ruhen und fabriziert dann Tagliatelle mit eurer Maschine, die ihr in halbfingerlange Stücke schneidet. Ihr könnt die Pizzoccheri trocken oder frisch verarbeiten, dann müssen sie aber erst am Schluss mit dem Wirsing im Topf landen, um nicht zu verkochen. Ihr könnt auch, ganz nach euren Vorlieben, statt Wirsing andere grüne Gemüsesorten wie Spinat, Lauch oder Mangold verwenden.

FÜR 2 PORTIONEN

★ vegetarisch ★ für morgen ★ Energie

Spinatspätzle
MIT RÖSTZWIEBELN

DIE ORIGINALEN KÄSESPÄTZLE STAMMEN AUS UNSERER BAYERISCHEN NACHBARREGION, DEM ALLGÄU. SIE SIND EIN KLASSISCHES HÜTTENGERICHT, UND IHR KÖNNT SIE IN WINDESEILE FRISCH ZUBEREITEN. DAFÜR VERWENDET IHR AM BESTEN EINEN SPÄTZLEHOBEL, EINE LÄNGLICHE METALLPLATTE MIT LÖCHERN UND EINEM AUFGESETZTEN TEIGSCHLITTEN. ALTERNATIV KÖNNT IHR SIE AUCH MIT EINER PRESSE HERSTELLEN ODER MIT EINEM SCHABER VON EINEM HOLZBRETT HOBELN. ICH HABE MIR EINE VARIANTE EINFALLEN LASSEN, WIE SIE EINFACH NOCH BESSER SCHMECKEN.

2 KLEINE ZWIEBELN
1 EL MEHL
PAPRIKAPULVER
4 EL SONNENBLUMENÖL, ZUM BRATEN
2 EL WALNUSSKERNE   SALZ   300 G MEHL
1 TASSE FEIN GEHACKTER SPINAT ODER AUFGETAUTER RAHMSPINAT
2–3 EIER   MUSKAT   1 TASSE GERIEBENER BERGKÄSE
1 EL BUTTER   PFEFFER

Die Zwiebeln abziehen und in feine Ringe schneiden. In einer Schüssel locker mit 1 Esslöffel Mehl und etwas Paprikapulver vermischen und in einer heißen Pfanne im Öl goldbraun ausbacken. Die Walnusskerne grob zerbröseln und kurz mitrösten. Herausnehmen und auf Küchenpapier abtropfen lassen.

Einen Topf mit Salzwasser aufsetzen. Dieser sollte etwa so breit sein wie der Spätzlehobel. Das Mehl in einer Schüssel mit Spinat, Eiern, etwas Salz und Muskat und etwa 6 Esslöffeln kaltem Wasser zu einem Teig schlagen. Am besten geht das mit einem Holzkochlöffel. Klatscht den Teig immer wieder gegen die Schüssel, bis er schön zäh ist und Blasen wirft. Ist er nicht flüssig genug, gebt etwas mehr Wasser zu, ist er zu feucht, etwas mehr Mehl. Wenn das Wasser kocht, portionsweise Teig in den Teigschlitten füllen, den Spätzlehobel über den Topf legen und die Spätzle in das siedende Wasser hobeln. Einmal sprudelnd aufkochen, dann die Hitze etwas zurückstellen und kurz warten, bis alle Spätzle oben schwimmen. Die fertigen Spätzle durch ein Sieb abgießen, dabei ein wenig von dem Abtropfwasser aufbewahren.

Die Butter in einer Pfanne kurz aufschäumen und die Spätzle darin schwenken. Den Käse und ein wenig Abtropfwasser dazugeben, bis der Käse schön geschmolzen ist und lange Fäden zieht. Die Spinatspätzle mit Salz und reichlich Pfeffer würzen und in tiefen Tellern anrichten oder direkt in der Pfanne servieren. Mit den Röstzwiebeln garnieren.

TIPP

Spätzle lassen sich auch super vorbereiten. Dazu die Spätzle nach dem Abgießen mit kaltem Wasser abschrecken, mit 1 Esslöffel Öl mischen und ab damit in den Kühlschrank. Wer „normale“ Spätzle machen will, lässt den Spinat weg und gibt dafür etwas mehr Wasser in den Teig.

★ deluxe ★ Weihnachten

Rehmedaillons

MIT RAHMWIRSING UND KARTOFFEL-SELLERIE-PÜREE

FÜR 4 PERSONEN

WINTERZEIT IST EINFACH WILDZEIT. ICH FINDE, GERADE WILDFLEISCH IST BESONDERS NACHHALTIG. FAST IMMER WIRD ES FRISCH UND AUS REGIONALER HERKUNFT ANGEBOTEN. DIE REHMEDAILLONS SIND EIN WIRKLICH FESTLICHES ESSEN FÜR BESONDERE ANLÄSSE. AN WEIHNACHTEN MACHT IHR MIT DEM KÖSTLICHEN WILDGERICHT IM HANDUMDREHEN DIE GANZE FAMILIE GLÜCKLICH. KEINE ANGST VOR DEN VERSCHIEDENEN KOMPONENTEN, DIE GEHEN, SCHRITTWEISE ERKLÄRT, ALLE RECHT LEICHT VON DER HAND.

FÜR DIE MEDAILLONS:

750 G AUSGELÖSTER REHRÜCKEN · SALZ UND PFEFFER · 1 EL MEHL · 2 EL BRATÖL · ½ GLAS ROTWEIN · ½ TASSE WILDFOND · 1 EL PREISELBEEREN · 1 EL KALTE BUTTER

FÜR DEN RAHMWIRSING:

1 SCHALOTTE ODER ½ ZWIEBEL · 1 EL BUTTER · ½ EL MEHL · 1 KLEINER WIRSINGKOPF · 1 BECHER SAHNE · SALZ UND MUSKAT · ½ BUND PETERSILIE, FEIN GEHACKT

FÜR DAS KARTOFFEL-SELLERIE-PÜREE:

1 KG MEHLIGKOCHENDE KARTOFFELN · ¼ SELLERIEKNOLLE · 1 TASSE MILCH · SALZ UND MUSKAT · 2 EL BUTTER

Wichtig für das Gelingen eines mehrteiligen Gerichts ist eine gute Vorbereitung und Organisation. Dann klappt alles wie am Schnürchen, und ihr serviert alle Komponenten perfekt auf den Punkt.

LOS GEHT'S MIT DER VORBEREITUNG:

Der Rehrücken sollte bereits vom Knochen ausgelöst und von allen Sehnen und Flachsen befreit sein. Das heißt in der Fachsprache „pariert". Den Rehrücken in gut daumendicke Medaillons schneiden, acht bis zwölf Stück, je nach Dicke des Rückens. Die Medaillons abdecken, aber nicht mehr kalt stellen.

Den Wirsing waschen, die äußeren Blätter evtl. entfernen, und vierteln. Den Strunk herausschneiden und den Wirsing in feine Streifen schneiden. Die Kartoffeln waschen und schälen, große Exemplare halbieren oder vierteln. In kaltes Wasser legen, damit sie nicht braun werden. Den Sellerie schälen und in grobe Würfel schneiden.
Auch alle anderen Zutaten bereitstellen, denn jetzt geht's ab an den Herd!

Den Backofen auf 50 °C vorheizen, Teller warm stellen. Kartoffeln und Sellerie in einem Topf mit Salzwasser gar kochen. Schneller geht's in 10-15 Minuten im Schnellkochtopf.
Den geschnittenen Wirsing in kochendem Salzwasser kurz blanchieren, dann in einer Schüssel mit kaltem Wasser (evtl. mit ein paar Tassen Schnee darin) abschrecken. Abgießen und abtropfen lassen.

Die Rehmedaillons mit Salz und Pfeffer würzen und kurz in Mehl wenden. Das Öl in einer heißen Edelstahl- oder Gusspfanne erhitzen und die Medaillons von beiden Seiten darin

scharf anbraten. Die Hitze reduzieren und etwa 2 Minuten auf jeder Seite weiterbraten. Aus der Pfanne nehmen und auf einem vorgewärmten Teller im Ofen warm stellen. Das restliche Mehl kurz im Bratensatz anrösten, mit Rotwein ablöschen, Wildfond und Preiselbeeren zugeben und sämig einkochen, mit Salz und Pfeffer abschmecken. Die Pfanne vom Herd nehmen und rasch die kalte Butter einrühren. Die Sauce nicht mehr kochen lassen!

Für den Rahmwirsing die Schalotte abziehen, fein hacken und in einem Topf in der Butter glasig anschwitzen. Das Mehl einrühren. Wirsing zugeben, Sahne aufgießen, mit Salz und Muskat würzen und unter gelegentlichem Rühren kurz einkochen. Kurz vor dem Servieren die gehackte Petersilie einrühren.

Für das Püree die Milch erhitzen, mit Salz und Muskat würzen. Die Kartoffeln abgießen und abtropfen lassen und mit einer Kartoffelpresse zurück in den Topf pressen oder im Topf mit einem Stampfer kurz zerkleinern. Die heiße Milch darübergeben, die Butter in Flocken zugeben und das Püree mit einem Schneebesen kurz und vorsichtig umrühren. Für ein luftiges Püree ist wichtig, dass ihr nicht zu viel rührt, da es sonst verkleistert.

Zum Anrichten Püree und Wirsing auf die vorgewärmten Teller verteilen, die Rehmedaillons anlegen und mit etwas Sauce überziehen.

Dazu passt super eine in Weißwein und Zucker gegarte Birnenhälfte mit Preiselbeeren darauf. Merry X-Mas!!!

★ für morgen ★ Energie

IHR KENNT DIE SCHUPFNUDELN BESTIMMT SCHON VON SKIHÜTTEN.
MEISTENS WERDEN DORT ABER FERTIGPRODUKTE SERVIERT. DABEI SIND DIE KLEINEN KÖSTLICHKEITEN AUS KARTOFFELN SCHNELL UND EINFACH ZUBEREITET UND SCHMECKEN DANN GLEICH UM WELTEN BESSER.

Schupfnudeln MIT SAUERKRAUT

FÜR 2 PORTIONEN

FÜR DIE SCHUPFNUDELN:

250 G MEHLIGKOCHENDE KARTOFFELN SALZ 1 EIGELB 3–4 EL MEHL MUSKAT

1 KLEINES GLAS SAUERKRAUT 1 LORBEERBLATT
1 KLEINE ZWIEBEL 1 EL BUTTER ODER SCHMALZ SALZ UND PFEFFER
1 BUND SCHNITTLAUCH

OPTIONAL:

100 G SPECKWÜRFEL

Die Kartoffeln ungeschält in Salzwasser garen, kurz abkühlen lassen, schälen und entweder mit einer Presse oder einem Stampfer in einer Schüssel zerdrücken, gut ausdampfen lassen. Eigelb und Mehl zugeben und mit Salz und Muskat würzen.

Den Teig auf der leicht bemehlten Arbeitsplatte zu fingerdicken Schlangen rollen und fingerlang abschneiden. Jetzt „schupfen", also mit der hohlen Hand schubsen oder rollen, bis die Nudeln ihre charakteristische Form bekommen und an den Enden spitz zulaufen.

Die Nudeln in einen Topf mit kochendem Salzwasser geben, Hitze etwas reduzieren und so lange sieden lassen, bis sie oben schwimmen. Mit einem Schaumlöffel herausheben und entweder kurz abtropfen lassen und gleich anbraten oder in reichlich kaltem Wasser abschrecken und dann kühl stellen, bis ihr essen wollt.

Das Sauerkraut mit dem Lorbeerblatt in einem Topf mit Deckel langsam erhitzen. Die Zwiebel abziehen, fein würfeln und in der Butter anschwitzen (evtl. den Speck mitbraten). Die Schupfnudeln zugeben und von allen Seiten goldbraun anbraten. Das Sauerkraut gut abtropfen lassen und in die Pfanne geben, alles gut vermischen und mit Salz und Pfeffer abschmecken. Beim Servieren – entweder man stellt die Pfanne auf den Tisch oder verteilt die Schupfnudeln auf tiefe Teller – reichlich fein geschnittenen Schnittlauch darüberstreuen.

★ schnell ★ vegetarisch ★ Energie

EIN ECHTER HÜTTENKLASSIKER UND DEFTIGER GAUMENSCHMAUS AUS DEM TIROLER LAND. EGAL OB IHR DIE KNÖDEL GANZ KLASSISCH, ALS EINLAGE IN EINER KLAREN RINDERBRÜHE (SEITE 188) SERVIERT ODER ZUSAMMEN MIT EINEM KNACKIGEN WINTERSALAT ALS SCHNELLES MITTAGSGERICHT. SIE SCHMECKEN IMMER! AUCH ALS BEILAGE ZU EINEM DEFTIGEN FLEISCHGERICHT ODER ALS VEGETARISCHES „PFLANZERL“ ZU KARTOFFELSALAT SOLLTET IHR SIE MAL PROBIEREN.

Kaspressknödel
MIT TIROLER GRAUKAS

FÜR 2 PORTIONEN

300 G KNÖDELBROT ODER ZERKLEINERTE SEMMELN VOM VORTAG
200 G TIROLER GRAUKÄSE, ZERBRÖCKELT (ALTERNATIV GERIEBENER BERGKÄSE)
1 ZWIEBEL
1 EL BUTTER
1 TASSE (200 ML) MILCH
SALZ UND PFEFFER
3–4 EIER
½ BUND PETERSILIE UND/ODER SCHNITTLAUCH, GEHACKT
2 EL BUTTER UND 1 EL BRATÖL

Knödelbrot und Graukäse vermischen. Die Zwiebel abziehen, fein hacken und in 1 Esslöffel Butter glasig anschwitzen. Die Milch erwärmen, salzen und pfeffern und mit den Zwiebeln zum Knödelbrot geben. Eier und gehackte Kräuter dazugeben und alles gründlich vermischen. Die Masse etwa 15 Minuten durchziehen lassen, dann mit feuchten Händen mittelgroße Knödel formen. Die Knödel zwischen den Händen leicht flach drücken. Butter und Öl in einer Pfanne erhitzen und Knödel bei mittlerer Hitze beidseitig goldgelb anbraten.

★ vegetarisch ★ Energie

DIE LECKEREN KRAPFERL LASSEN SICH SEHR SCHNELL ZUBEREITEN UND SIND SO ETWAS WIE „ALPEN-TAPAS", EINE HERRLICH KNUSPRIGE VORSPEISE, DIE IHR NACH HERZENSLUST VARIIEREN KÖNNT. WER MÖCHTE, GIBT Z.B. NOCH EIN PAAR SCHINKENSPECKWÜRFEL IN DIE KARTOFFELMASSE.

ZILLERTALER Kartoffelkrapferl

FÜR 2 PORTIONEN

FÜR DIE FÜLLUNG:
4 MEHLIG KOCHENDE KARTOFFELN (ETWA 500 G)
1 BECHER QUARK
1 EIGELB
1 TL SPEISESTÄRKE
SALZ, PFEFFER, MUSKAT
1 BUND SCHNITTLAUCH, IN RÖLLCHEN GESCHNITTEN

FÜR DEN TEIG:
2 TASSEN (300 G) ROGGEN- ODER DINKELMEHL
1 TASSE (150 G) BACKSTARKES WEIZENMEHL, TYPE 550
½ TASSE MILCH
SCHMALZ ODER FETT, ZUM AUSBACKEN

DIP:
½ REIFE AVOCADO
½ BECHER SAUERRAHM
SAFT VON ½ ZITRONE
SALZ UND PFEFFER
SRIRACHA-SAUCE

Für die Füllung die Kartoffeln in Salzwasser gar kochen, abgießen, schälen und gut ausdampfen lassen. In einer Schüssel zerstampfen und mit Quark, Eigelb und Stärke vermischen. Salz, Pfeffer, Muskat und die Schnittlauchröllchen einarbeiten.

Die Mehle mischen, salzen und nach und nach mit der Milch einkneten, bis ein fester Teig entstanden ist. Kräftig kneten, dann kurz ruhen lassen. Den Teig halbieren und zu zwei langen Rollen in Zucchinidicke formen. Jede Rolle mit einem feuchten Messer in etwa 20 Scheiben teilen. Die Teigscheiben auf der leicht bemehlten Arbeitsfläche flach drücken oder leicht ausrollen. Die Kartoffelfüllung mit zwei feuchten Teelöffeln in die Mitte setzen, Teigränder einschlagen und leicht zusammendrücken. Das Schmalz in einem hohen Topf erhitzen und die Krapferl darin – immer ein paar auf einmal – ausbacken. Mit einem Schaumlöffel aus dem heißen Fett heben und auf Küchenpapier abtropfen lassen.

Für den Dip die Avocado aus der Schale lösen und in einer kleinen Schüssel mit einer Gabel zerdrücken. Sauerrahm unterrühren, Zitronensaft zugeben und mit Salz, Pfeffer und Sriracha-Sauce würzen.

TIPP

Zu den Krapferl passt perfekt ein knackiger Wintersalat, zum Beispiel frischer Feldsalat mit Chicoree und Walnüssen.

Energie ★ *Slow Food* ★ *Holzofen*

ECHTE, HANDGEMACHTE MAULTASCHEN NACH DEM ORIGINALREZEPT UNSERER NATÜRLICH AUS DEM SCHWÄBISCHEN STAMMENDEN FREUNDIN HEIDI. MEINE KLEINE REMINISZENZ AN UNSERE GEMEINSAMEN SKITOUR-TRIPS NACH NORD-NORWEGEN, WO WIR IMMER IHRE MAULTASCHEN ALS EIN HERZHAFTES STÜCK HEIMAT UND ALS STÄRKUNG NACH EINEM BESONDERS ANSTRENGENDEN TOURENTAG DABEIHATTEN.

Maultaschen

FÜR 4 PORTIONEN

FÜR DEN TEIG:
400 G MEHL (Z.B. SPÄTZLEMEHL)
½ TASSE WASSER
1 EL WEISSER ESSIG
4 EL SONNENBLUMENÖL
½ TL SALZ

FÜR DIE FÜLLUNG:
1 KLEINE ZWIEBEL
100 G GERÄUCHERTE SCHINKENWURST
OPTIONAL: *100 G BLATTSPINAT*
1 BUND PETERSILIE
1–2 ALTBACKENE SEMMELN
400 G HACKFLEISCH, GEMISCHT
200 G BRÄT (GIBT ES BEIM METZGER)
1–2 EIER, JE NACH GRÖSSE
75 G MEHL
SALZ, PFEFFER, MUSKAT, KNOBLAUCHPULVER

Aus den Teigzutaten einen geschmeidigen, glänzenden Teig herstellen und etwa 15 Minuten ruhen lassen. Alternativ bekommt ihr beim Bäcker frischen Nudelteig.

Für die Füllung die Zwiebel abziehen und fein würfeln. Die Schinkenwurst in der Küchenmaschine oder mit dem Messer fein zerkleinern (oder den Spinat blanchieren, abtropfen lassen und fein hacken). Die Petersilie waschen und fein hacken. Die Semmeln in grobe Würfel schneiden, in lauwarmen Wasser einweichen, dann ausdrücken. Alles zusammen mit den übrigen Zutaten gut vermischen und mit den Händen zu einer homogenen Masse verarbeiten. Kräftig würzen!

Den Teig auf der bemehlten Arbeitsfläche 2–3 mm dick ausrollen (das geht, falls ihr eine habt, auch super mit einer Nudelmaschine), dann in ca. 15 cm große Quadrate schneiden. Jeweils 1–2 Esslöffel der Füllung auf die Teigstücke geben und zu Rechtecken zusammenklappen. Die Ränder fest mit den Zinken einer Gabel zusammendrücken.

Die Maultaschen entweder in heißer Fleischbrühe (Seite 188) oder in siedendem Salzwasser in etwa 10 Minuten gar ziehen lassen. Mit einem Schaumlöffel herausnehmen und mit kaltem Wasser abschrecken. Ein paar Tropfen Öl verhindern, dass sie aneinanderkleben.

Ergibt ca. 4-6 Portionen Maultaschen. Die übrigen lassen sich super einfrieren oder halten sich vakuumiert im Kühlschrank etwa 2 Wochen.

ÜBERBACKENE MAULTASCHEN:

2 STANGEN LAUCH　100 G KOCHSCHINKEN　JE ½ BECHER SAHNE UND CRÈME FRAÎCHE
SALZ UND PFEFFER　1 EL BUTTER, ZUM EINFETTEN　1 HANDVOLL GERIEBENER PARMESAN

Den Backofen auf 180 °C vorheizen. Den Lauch waschen und in feine Streifen schneiden, den Schinken in Streifen schneiden. In einer Schüssel mit Sahne und Crème fraîche vermischen und mit Salz und Pfeffer würzen.
6-8 Maultaschen in eine ausgebutterte Auflaufform legen und mit der Sauce übergießen. Mit gehobeltem Parmesan bestreuen und für etwa 35 Minuten in den Backofen schieben, bis die Maultaschen schön goldbraun sind. Am besten mit einem knackigen Wintersalat servieren!

Natürlich könnt ihr die Maultaschen auch ganz klassisch als Einlage in heißer Suppe servieren. In Streifen geschnitten und in etwas Butter angeröstet ergeben sie ein leckeres Gröstl.

FÜR 2 PORTIONEN

★ vegetarisch ★ für morgen ★ Energie

Knödelrezepte

GRUNDREZEPT FÜR SEMMELKNÖDEL

1 ZWIEBEL
1 EL BUTTER
1 TASSE HEISSE MILCH
SALZ, PFEFFER, MUSKAT
250 G ALTBACKENES WEISSBROT, SEMMELN ODER BAGUETTE, IN WÜRFEL GESCHNITTEN, ODER 1 BEUTEL KNÖDELBROT
2–3 EIER
½ BUND PETERSILIE

Die Zwiebel abziehen, die Petersilie waschen. Beides fein hacken. Die Butter in einer Pfanne zerlassen und die Zwiebel darin glasig anschwitzen. Die Milch erwärmen und mit Salz, Pfeffer und Muskat würzen. Das Brot mit der heißen Milch übergießen, die Zwiebel und Petersilie dazugeben. Die Eier verquirlen, zu den Brotwürfeln geben und alles gut vermengen. Ist die Masse zu feucht, helfen ein 1–2 Esslöffel Semmelbrösel, ist sie zu trocken, etwas Milch.

Reichlich Wasser in einem großen Topf aufkochen und ½ Teeloöffel Salz hineingeben. Mit feuchten Händen kleine Knödel abdrehen und in das kochende Salzwasser geben. Die Knödel 5 Minuten bei mittlerer Hitze kochen, dann die Hitze reduzieren und die Knödel etwa 10 Minuten gar ziehen lassen. Wenn die Knödel oben schwimmen und sich von selbst drehen, sind sie fertig.

SPINAT-KÄSE-KNÖDEL

2–3 HANDVOLL FRISCHER BLATTSPINAT
(ALTERNATIV 2 WÜRFEL TK-SPINAT, AUFGETAUT)
1 KLEINE KNOBLAUCHZEHE, GEHACKT
150 G BERGKÄSE (ALTERNATIV MITTELALTER GOUDA)

Dem Grundrezept folgen, dabei Spinat und Knoblauch kurz mit der Zwiebel anschwitzen. Den Käse würfeln und beim Mischen der Zutaten unterheben.

SPECKKNÖDEL

100 g Speck fein würfeln und zusammen mit der Zwiebel in einer Pfanne anbraten. Dann verfahren, wie im Grundrezept beschrieben.

ROTE-BETE-KNÖDEL

1 vorgekochte, geschälte Rote Bete (gibt es auch fertig vakuumiert) fein hacken oder reiben. Am besten mit Handschuhen arbeiten, da sie abfärben. Mit den Zutaten des Grundrezepts vermischen und wie beschrieben verfahren.

TIPP

Probiert mal ein Knödel-Dreierlei aus euren Lieblingsvarianten. Dazu noch 4 Esslöffel Semmelbrösel in Butter goldbraun anrösten und über die Knödel geben. Etwas Rucola und gehobelter Parmesan runden das Ganze zu einer echten Gaumenfreude ab.

Die gekochten Knödel lassen sich gut einfrieren. Reste kann man auch super in Scheiben schneiden und anbraten, wie z.B. beim Südtiroler Knödelsalat von Seite 161.

FÜR 3–4 PORTIONEN

★ vegetarisch ★ Energie ★ Holzofen

Brezenauflauf
MIT WALNÜSSEN

IHR WOLLT MAL ETWAS ANDERES ALS KNÖDEL ZU EUREM DEFTIGEN BRATEN PROBIEREN ODER HABT NOCH BREZEN VOM VORTAG ÜBRIG? KEIN PROBLEM, PROBIERT MAL DIESEN KNUSPRIGEN AUFLAUF, DER PASST AUCH SUPER ZU ANDEREN DEFTIGEN FLEISCHGERICHTEN WIE Z.B. DEM GULASCH (SEITE 187).

6–8 BREZEN VOM VORTAG
1 ZWIEBEL   1 ½ TASSEN (250 ML) MILCH
2 EL BUTTER   SALZ, PFEFFER, MUSKAT   2–3 EIER, VERQUIRLT
½ BUND PETERSILIE, FEIN GEHACKT   3–4 EL GROB ZERBRÖSELTE WALNÜSSE
1 HANDVOLL GERIEBENER BERGKÄSE

Von den Brezen etwas Salz abreiben und die Brezen in knapp fingerdicke Scheiben aufschneiden. In eine große Schüssel geben. Die Zwiebel abziehen, fein hacken und in einer Pfanne in 1 ½ Esslöffel Butter glasig anschwitzen. Die Milch zugeben und erhitzen. Mit Salz, Pfeffer und Muskat würzen und die Brezenscheiben mit der heißen Milch übergießen. Eier, Petersilie und Walnüsse dazugeben, alles gründlich vermengen und etwa 15 Minuten durchziehen lassen.

Den Ofen auf 180 °C vorheizen. Eine ofenfeste Form mit der restlichen Butter ausstreichen. Die Brezenmasse in die Form geben und mit dem geriebenen Käse bestreuen. 25-30 Minuten auf der mittleren Schiene backen, bis der Auflauf schön goldbraun ist. Mit einem großen Plätzchenausstecher oder einer Tasse Portionen abstechen oder den Auflauf mit einem Messer in Rauten portionieren und bis zum Anrichten warm stellen.

TIPP

Reste des Auflaufs statt Kartoffeln in ein Gröstl (Seite 194) geben oder einfach kurz in einer Pfanne anbraten und als Snack servieren.

MEHL
SPEISEN

ALLEINE DAS WORT LÄSST DIE HERZEN VON KENNERN DIESER MEIST AUS ÖSTERREICH STAMMENDEN SÜSSSPEISEN HÖHER SCHLAGEN. ABER AUCH NEUEINSTEIGER BEKOMMEN HIER EINE GENUSSGARANTIE. NATÜRLICH TAUGEN MEHLSPEISEN ZU MEHR ALS NUR ZU EINEM DESSERTFINALE AN EINEM LANGEN ABEND. SIE SIND AUCH ALS SÜSSE HAUPTSPEISE ODER ZWISCHENMAHLZEIT VERFÜHRERISCH GUT UND GEHEN EINFACH IMMER.

TOPFENKNÖDEL SEITE 222
ROHRNUDELN SEITE 224
APFELSTRUDEL MIT KARAMELISIERTEN WALNÜSSEN SEITE 226
GRATINIERTE TOPFENPALATSCHINKEN SEITE 227
PALATSCHINKEN MIT PREISELBEEREN SEITE 228
APFELKÜCHERL IM WEISSBIERTEIG SEITE 236
ARME RITTER MIT VANILLESAUCE SEITE 238
ZWETSCHGEN-MARZIPAN-KNÖDEL SEITE 239
KARAMELLISIERTER POLENTASCHMARRN SEITE 240

KLEINE LAWINENKUNDE
SEITE 230–233

★ schnell ★ deluxe ★ Weihnachten

EINE WAHRE GAUMENFREUDE UND EIN FESTLICHES DESSERT SIND DIESE KLEINEN KNÖDEL, DIE IHR VIELLEICHT AUS DER GUTEN ÖSTERREICHISCHEN KÜCHE KENNT. IHR KÖNNT SIE AUCH FÜLLEN, Z.B. MIT EINER HALBEN ZWETSCHGE ODER APRIKOSE.

Topfenknödel

FÜR 2 PORTIONEN

25 G BUTTER — 20 G PUDERZUCKER — ABRIEB VON 1 BIO-ZITRONE UND/ODER -ORANGE — MARK VON ½ VANILLESCHOTE — 250 G TOPFEN (AKA QUARK) — 100 G SEMMELBRÖSEL (KANN ZUR HÄLFTE DURCH GRIESS ERSETZT WERDEN) — 1 EI — 1 EIGELB — 1 EL ZUCKER UND 1 TL SALZ, FÜR DAS KOCHWASSER

FÜR DIE PANADE:

1 TASSE SEMMELBRÖSEL — 3 EL BUTTER — 4 GEH. EL ZUCKER — 1 PRISE ZIMT

Die Zutaten sollten alle zimmerwarm sein. Das ist bei der Butter, den Eiern und dem Topfen wichtig.

Butter und Puderzucker schaumig schlagen, Zitronenabrieb und Vanillemark unterrühren. Dann den Topfen mit den restlichen Zutaten dazugeben und die Masse glatt rühren. Mindestens 1 Stunde abgedeckt im Kühlschrank oder vor der Hütte ruhen lassen.

Reichlich Wasser in einem großen Topf aufkochen, Salz und Zucker hineingeben. Mit feuchten Händen kleine Knödel abdrehen und in den Topf geben. Die Hitze reduzieren und die Knödel ziehen lassen.

In der Zwischenzeit für die „Panade“ die Semmelbrösel in der Butter goldbraun anrösten. Auf einen großen Teller geben, Zucker und Zimt zugeben und untermischen. Wenn die Knödel an der Oberfläche schwimmen und sich drehen, sind sie fertig. Mit einer Schaumkelle aus dem Wasser heben und in der Panade wälzen.

Am besten schmecken die Knödel, wenn ihr sie mit Zwetschgenröster serviert. Das Rezept dazu findet ihr im Sommerbuch auf Seite 31. Nicht fehlen darf natürlich eine Kugel Eis, und schon habt ihr ein Luxusdessert der Spitzenklasse.

★ Slow Food ★ Winterpicknick ★ Holzofen

Rohrnudeln

FÜR 4 PORTIONEN

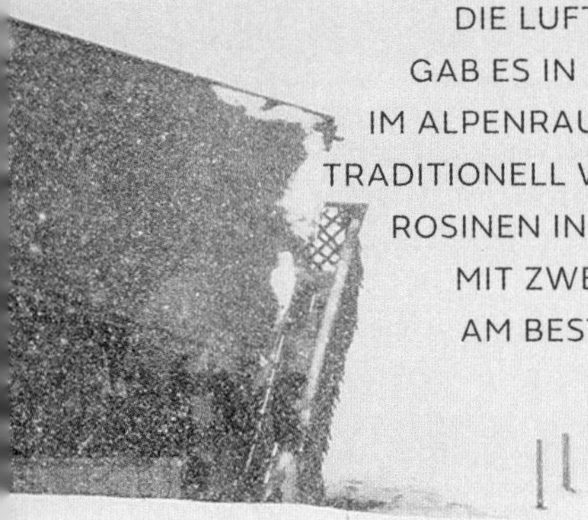

DIE LUFTIGEN, VERFÜHRERISCH DUFTENDEN HEFENUDELN GAB ES IN MEINER KINDHEIT OFT OFENFRISCH BEI MEINER OMA. IM ALPENRAUM NENNT MAN SIE AUCH BUCHTELN ODER WUCHTELN. TRADITIONELL WERDEN SIE UNGEFÜLLT GEBACKEN, MANCHMAL KOMMEN ROSINEN IN DEN TEIG. ICH KENNE AUCH VARIANTEN, IN DENEN SIE MIT ZWETSCHGEN GEFÜLLT WERDEN. MIR SCHMECKEN SIE AM BESTEN MIT EINER KALTEN VANILLESAUCE (SEITE 238) ODER MIT ZWETSCHGENRÖSTER.

500 G WEIZENMEHL, TYPE 550 ODER 1050
1 PCK. TROCKENHEFE
100 G ROHRZUCKER
150 ML MILCH
50 G BUTTER
3 EIER
ABRIEB VON ½ BIO-ZITRONE

Das Mehl in eine Schüssel sieben, Trockenhefe und die Hälfte des Zuckers untermischen. Die Milch in einem kleinen Topf erwärmen und die Butter dazugeben. Wenn die Butter geschmolzen ist, die warme (nicht zu heiße!) Milch in das Mehl einrühren. 2 Eier darüber aufschlagen, den Zitronenabrieb dazugeben und alles zu einem geschmeidigen Teig verkneten. Den Teig, mit einem Küchentuch abgedeckt, 30 Minuten an einem warmen Ort gehen lassen.

In der Zwischenzeit einen Bräter oder eine Backform mit Butter einfetten und den Ofen auf 180 °C vorheizen.

Wenn sich das Volumen des Hefeteigs nach 30 Minuten verdoppelt hat, gut durchkneten und 8-10 Kugeln aus dem Teig formen. Die Teigkugeln auf ein bemehltes Tablett oder Backblech setzen und noch einmal 20 Minuten gehen lassen.

Das restliche Ei trennen und das Eigelb verquirlen. Die Teigkugeln in die gefettete Form setzen, mit Eigelb bepinseln und auf der mittleren Schiene in 30 Minuten goldgelb backen. Unbedingt heiß servieren!

Die Reste kommen für die nächste Tour in den Rucksack.

★ Slow Food ★ Holzofen

Apfelstrudel

MIT KARAMELLISIERTEN WALNÜSSEN

STRUDEL SIND EIN FESTER BESTANDTEIL DER ÖSTERREICHISCHEN KÜCHE. SIE WERDEN SÜSS ODER AUCH HERZHAFT GEFÜLLT. NEBEN DEM APFELSTRUDEL GEHÖRT DER TOPFENSTRUDEL ZU DEN HIMMLISCHEN KLASSIKERN AUS LUFTIG-DÜNNEM TEIG. TRAUT EUCH RUHIG SELBST AN DEN TEIG, NOTFALLS KÖNNT IHR IHN AUCH FERTIG IM KÜHLREGAL FINDEN. ABER FÜR DEN ECHTEN GENUSS MÜSST IHR DEN TEIG SELBST KNETEN UND AUSZIEHEN!

FÜR ETWA 8 PORTIONEN

FÜR DEN STRUDELTEIG:

2 EL SONNENBLUMENÖL 1 PRISE SALZ
200 G WEIZENMEHL, TYPE 550
OPTIONAL: ½ TL ZITRONENSAFT

KARAMELLISIERTE WALNÜSSE:

80 G DUNKLER ROHRZUCKER
80 G WALNUSSKERNE 2 EL WASSER

FÜR DIE FÜLLUNG:

1 KG LEICHT SÄUERLICHE ÄPFEL, AM BESTEN VOM EIGENEN BAUM
SAFT VON ½ ZITRONE
4 EL ROSINEN 3 EL RUM
40 G BUTTER 2 EL SEMMELBRÖSEL
1 TL ZIMT 50 G ROHRZUCKER

OBENDRAUF:

1 EIGELB 2 EL SAHNE
PUDERZUCKER

Für den Teig Öl, Salz und Zitronensaft, falls verwendet, in einer großen Rührschüssel vermengen. 120 ml warmes Wasser und etwa die Hälfte des Mehls zugeben und mit einem Holzlöffel durchrühren. Das restliche Mehl zugeben und einarbeiten, zuerst mit dem Löffel, dann mit den Händen. Sobald die Teigbestandteile zu einer glatten, geschmeidigen Kugel geknetet sind, diese auf die Arbeitsfläche geben und 10 Minuten kräftig weiterkneten. Der Teig sollte feucht, aber nicht klebrig sein. Ist er zu klebrig, etwas mehr Mehl darüberstauben und einkneten. 1 Stunde bei Zimmertemperatur ruhen lassen.

Für die Walnüsse den Zucker mit 2 Esslöffel Wasser in einer Pfanne schmelzen und hell karamellisieren lassen. Die Walnüsse darin wenden, bis sie vom Zucker überzogen sind. Auf Backpapier auskühlen lassen und grob hacken.

Den Backofen auf 190 °C vorheizen.

Für die Füllung die Äpfel schälen, vierteln, entkernen und in kleine Stückchen schneiden. Den Zitronensaft untermischen. Die Rosinen in Rum (oder für eine alkoholfreie Variante in lauwarmem Wasser) einweichen. Die Butter in einer Pfanne zerlassen und die Semmelbrösel goldbraun darin rösten. Äpfel, Butterbrösel, Zimt und Zucker sowie Rosinen in einer großen Schüssel vermischen.

Den Teig auf einem bemehlten Tuch sehr dünn zu einem langen Rechteck ausrollen und vorsichtig mit den Händen nach außen ausziehen. Die Füllung längs im unteren Drittel auf den Teig geben und die karamellisierten Walnüsse darüberstreuen, dabei die Ränder aussparen. Den Strudelteig vorsichtig mithilfe des Tuchs einrollen, dabei die Enden links und rechts nach innen einklappen. Den Strudel mit der „Naht" nach unten auf ein mit Backpapier belegtes Blech setzen.

Im heißen Ofen in etwa 30 Minuten goldbraun backen. Eigelb und Sahne verquirlen und den Strudel während der letzten 10 Minuten Backzeit damit bestreichen. Herausnehmen und mit Puderzucker bestäuben. Den Strudel leicht auskühlen lassen, in Stücke schneiden und lauwarm servieren.

Serviert den Strudel am besten mit geschlagener Sahne und/oder einer Kugel Eis oder mit der Vanillesauce von Seite 238.

DIESES HERRLICH FESTLICHE DESSERT HABE ICH NOCH AUS MEINEN TAGEN IN DER SPITZENGASTRONOMIE, WO ICH ES ALS PATISSIER OFT ZUBEREITET UND LANGE ALS GEHEIMNIS GEHÜTET HABE. ES SCHMECKT AM BESTEN HEISS UND WIRD MIT EINER KUGEL VANILLE- ODER WALNUSSEIS SERVIERT.

★ deluxe ★ Holzofen

GRATINIERTE Topfenpalatschinken

FÜR 2–3 PORTIONEN

FÜR DIE CRÊPES:

1 TASSE (125 G) HELLES MEHL   1 TASSE (125 ML) MILCH
1–2 EIER   1 PRISE SALZ   1 EL SONNENBLUMENÖL, ZUM AUSBACKEN

Das Mehl in eine Schüssel geben und mit etwas Milch glatt rühren, damit keine Klumpen entstehen. Restliche Milch, Eier und Salz unterrühren. Eine beschichtete Pfanne mit Öl ausreiben und goldbraune Crêpes ausbacken.

FÜR DIE FÜLLUNG:

30 G BUTTER   250 G TOPFEN (AKA QUARK)   90 G BRAUNER ZUCKER   1 EI   1 EL RUM
ABRIEB VON ½ BIO-ORANGE   2 EL VANILLEPUDDINGPULVER

Die Butter zerlassen und mit allen anderen Zutaten mit dem Schneebesen in einer Schüssel oder in der Küchenmaschine verrühren. Die Masse kurz kalt stellen.

FÜR DIE GRATINIERMASSE:

2 ½ TASSEN (250 ML) MILCH   50 G (BRAUNER) ZUCKER
3 EIER   MARK VON ½ VANILLESCHOTE

Alle Zutaten verrühren und evtl. durch ein Haarsieb absieben.

Den Ofen auf 150 °C vorheizen. Die Crêpes auslegen und gleichmäßig mit der Füllung bestreichen. Zusammenrollen und eng aneinander in eine gebutterte Auflaufform legen. Mit der Gratiniermasse übergießen und 20-30 Minuten im heißen Ofen backen. Etwas auskühlen lassen, in rautenförmige Stücke schneiden und auf Tellern anrichten. Evtl. noch mit etwas Puderzucker bestäuben und mit Eis servieren.

SCHNELL ZUBEREITET UND EIN RIESENSPASS FÜR KINDER IN DER KÜCHE. DÜNNE, GEFÜLLTE PFANNKUCHEN KOMMEN HIER ALS DESSERT AUF DEN TELLER. WENN IHR IM HERBST FRISCHE PREISELBEEREN AUF DEM MARKT FINDET, GREIFT AM BESTEN SOFORT ZU UND KOCHT SELBST EINE MARMELADE DARAUS.

★ schnell ★ Energie

Palatschinken MIT PREISELBEEREN

FÜR 4 PORTIONEN

FÜR DIE PALATSCHINKEN:

2 TASSEN (400 G) HELLES MEHL
2 TASSEN (400 ML) MILCH
1 EL BRAUNER ZUCKER
1 PRISE SALZ
3–4 EIER
SONNENBLUMENÖL, ZUM AUSBACKEN
4 EL PREISELBEERMARMELADE
1 EL PUDERZUCKER

Das Mehl in eine Schüssel geben und mit etwas Milch glatt rühren, damit keine Klumpen entstehen. Restliche Milch, Zucker, Salz und Eier unterrühren. Eine beschichtete Pfanne mit Öl ausreiben und möglichst dünne, goldbraune Palatschinken ausbacken. Die Palatschinken mit Preiselbeermarmelade bestreichen und einrollen oder zur Hälfte umklappen. Mit Puderzucker bestäuben und heiß servieren. Dazu schmeckt auch immer eine Kugel Vanilleeis.

TIPP

Allseits beliebt ist auch die Schokovariante, dazu einfach Nuss-Nougat-Aufstrich auf die Palatschinken streichen. Wer eine kleine Geschmacksbombe will, gibt noch ein paar dünne Bananenscheiben dazu.

Kleine Lawinenkunde

Für eine perfekte Zeit auf Skiern oder auf dem Snowboard gehört tolles Wetter und: Schnee, Schnee, Schnee. Aber der Schnee hat auch seine Tücken. Und damit ihr immer sicher unterwegs seid, haben wir euch eine kleine Lawinenkunde zusammengestellt. Wir können in diesem Buch natürlich nur kurz auf die zentralen Punkte eingehen, daher ein wichtiger Tipp: Bereitet euch vor jeder Saison in einem Lawinentraining auf den Aufenthalt im Schnee vor.

Egal, ob ihr auf einer *TOUR* oder beim *FREERIDEN* unterwegs seid – ihr werdet das Risiko niemals komplett ausschalten können. Einzig und allein *ÜBERLEGTES HANDELN* bringt euch noch lange Freude an eurem Sport. Hier einige grundlegende Infos:

VIELE FAKTOREN SPIELEN IN DER ENTSTEHUNG EINER LAWINE EINE GROSSE ROLLE

- Wetter – Viel Neuschnee in Verbindung mit Wind und kalten Temperaturen erhöhen die Lawinengefahr.
- Gelände – Auf unverspurten und steilen Hängen (ca. 30° oder steiler) entstehen wahrscheinlicher Lawinen.
- Schneedecke – Ein Schneebrett löst sich, wenn eine Schwachschicht in der Schneedecke vorhanden ist.
- Mensch – Auch bei großer Motivation sollte stets verantwortungsvoll und eher defensiv gehandelt werden, um Risiken zu mindern und Gefahren zu erkennen.

Der *MENSCH* stellt den wichtigsten Faktor für die Erkennung und Vermeidung des Lawinenrisikos dar. *ERFAHRUNG*, Wissen, *INDIVIDUELLES KÖNNEN* und *ANGEPASSTES VERHALTEN* sind mitentscheidend für eine sichere Tour. Deshalb ist es für jede Tour oder Aktivität auf der Piste essenziell, dass ihr eure Touren gewissenhaft plant, aufmerksam die Umgebung beobachtet und euch bei Entscheidungen immer des Risikos bewusst seid.

LAWINENNOTFALLAUSRÜSTUNG

Eine *KOMPLETTE LAWINENNOTFALLAUSRÜSTUNG* ermöglicht es im Ernstfall, eure Freunde zu orten und zu bergen. Die *INDIVIDUELLE STANDARDNOTFALLAUSRÜSTUNG* ist abseits des gesicherten Skiraums *IMMER* mitzuführen. **WICHTIG:** Nur mit einer vollständigen Notfallausrüstung habt ihr eine Chance, eure Freunde lebend aus einer Lawine zu bergen. Eine Notfallausrüstung kann jedoch eine Lawinenerfassung oder -verschüttung nicht verhindern!

ESSENZIELL FÜR EINE NOTFALLAUSRÜSTUNG:

- LVS-GERÄT – 3 Antennen und eine Markierfunktion gehören zum Standard.
- SCHAUFEL – Eine Hackfunktion spart dir lebenswichtige Zeit.
- SONDE – Ein schnelles und stabiles Schnellspannsystem ist essenziell.

VOR DER TOUR – *LAWINENLAGEBERICHT (LLB)*

Zur Vorbereitung einer jeden Tour gehört nicht nur die richtige Ausrüstung, sondern auch die Prüfung des Lawinenlageberichts. Dieser erscheint in den entsprechenden Monaten in der Regel tagesaktuell und gibt die Daten von Messstellen, Beobachtern, Schneeprofilaufnahmen und Gebietskennern wieder. Da ein Blick nur auf die Gefahrenstufe nicht ausreicht, enthält der LLB auch relevante Informationen zu Wetter, Schneedecke, Beurteilung der Lawinengefahr (Gefahrenbereiche, Zusatzbelastung, Auslösewahrscheinlichkeit) und eine Prognose der zur erwartenden Entwicklung. Den jeweiligen LLB des Gebietes findet ihr entweder im Internet oder im Gebiet (Talstation) selbst.

AUF TOUR – *LVS PARTNERCHECK*

Jede Aktivität macht mehr Spaß, wenn man sie zusammen mit Freunden macht. Sucht euch daher immer einen Partner für eure Touren. Im Ernstfall wird er oder sie euer Retter sein. Wir möchten euch kurz die Schritte für einen erfolgreichen Partnercheck zeigen, damit ihr von Anfang an gleich richtig in eure Tour startet.

Am Ausgangspunkt der Tour sollten **alle LVS-Geräte** auf Sende- und Empfangsfunktion überprüft werden:

ÜBERPRÜFUNG DES GRUPPENFÜHRERS:

1. Er stellt sein LVS-Gerät auf Senden.
2. Alle anderen stellen ihr Gerät auf Empfang.

ÜBERPRÜFUNG DER GRUPPE:

1. Der Führer schaltet auf Empfang um, alle anderen auf Senden.
2. Die Mitglieder laufen einzeln (5–10 m Abstand) am Führer vorbei.
3. Nach erfolgreichem Check schaltet auch der Führer in den Sendemodus.

Vor jeder Tour sollten die Batterien überprüft und gegebenenfalls gleich ausgetauscht werden. Bei einer Batterieleistung unter 50% sollte die Batterie unbedingt gewechselt werden!

Die ORTOVOX Safety Academy bietet mehr Infos und Tutorials rund um das Thema Lawinensicherheit. www.ortovox.com.

FÜR 4 PORTIONEN

★ schnell ★ Energie

Apfelkücherl

IM WEISSBIERTEIG

AM BESTEN SCHMECKEN DIE APFELKÜCHERL NATÜRLICH, WENN IHR EINE KUGEL EIS DAZU SERVIERT. DER BIERTEIG IST SCHNELL ZUBEREITET, UND MIT DEM GRUNDREZEPT KÖNNT IHR WIRKLICH VIEL EXPERIMENTIEREN. AUCH DEFTIGE ZUTATEN LASSEN SICH WUNDERBAR IN BIERTEIG AUSBACKEN, WIE ZUM BEISPIEL GEMÜSE ODER FISCHFILETS. DAZU KÖNNT IHR AUCH MAL GEWÜRZE WIE ZUM BEISPIEL CURRY IN DEN TEIG GEBEN.

FÜR DEN BIERTEIG:

2 ½ TASSEN (250 G) MEHL
½ FLASCHE (250 ML) WEISSBIER (DEN REST GUT GEKÜHLT TRINKEN)
1 EIGELB
2 EL SONNENBLUMENÖL
2 EIWEISS
1 PRISE SALZ

Das Mehl mit Bier, Eigelb und Öl glatt rühren. Die Eiweiße mit Salz halb steif aufschlagen und vorsichtig mit einem Schneebesen untermischen.

FÜR DIE KÜCHERL:

2 ÄPFEL
ÖL (Z.B. ERDNUSSÖL) ODER SCHMALZ ZUM AUSBACKEN
4 EL ZIMT-ZUCKER-MISCHUNG
OPTIONAL: PUDERZUCKER

Die Äpfel schälen, mit einem Ausstecher das Kernhaus entfernen und die Früchte in fingerdicke Scheiben schneiden. Öl oder Schmalz in einem Topf oder einer Pfanne erhitzen (etwa ein bis zwei Finger hoch, Vorsicht mit Kindern!). Die Apfelscheiben im Bierteig wenden und kurz abtropfen lassen. Sofort einzeln ins heiße Öl geben und von beiden Seiten goldbraun ausbacken. Auf Küchenpapier abtropfen lassen. Die Kücherl in der Zimt-Zucker-Mischung wälzen, evtl. mit Puderzucker bestäuben und heiß genießen. Falls vorhanden , serviert ihr eine Kugel Vanilleeis dazu.

VARIANTE

Probiert unbedingt auch mal Birnenscheiben oder Aprikosenhälften!

ARME RITTER SIND IMMER EINE PERFEKTE MÖGLICHKEIT, UM WEISSBBROT ODER TOAST VOM VORTAG ZU VERARBEITEN UND DARAUS EIN LECKERES DESSERT ZU ZAUBERN. ICH LIEBE DAZU NOCH EIN LEICHT SÄUERLICHES KIRSCHKOMPOTT.

* schnell * Energie

Arme Ritter

MIT VANILLESAUCE

FÜR 2 PORTIONEN

FÜR DIE VANILLESAUCE:

1 VANILLESCHOTE
½ L MILCH
60 G ZUCKER
4 EIGELB

Die Vanilleschote der Länge nach aufschneiden und das Mark herauskratzen. Mark und Schote, Milch und die Hälfte des Zuckers in einen Topf geben und einmal kurz aufkochen. Die Eigelbe mit dem Rest des Zuckers in einer Schüssel schaumig rühren. Die heiße Milch mit einem Schneebesen unter ständigem Rühren nach und nach einrühren. Die Schüssel über ein heißes Wasserbad stellen und die Masse unter ständigem Rühren „zur Rose abziehen". Wer die Sauce etwas dicker mag, kocht die Milch zusätzlich mit ½ Teelöffel Stärke auf.

FÜR DIE ARMEN RITTER:

1 TASSE (200 ML) MILCH
2 EIER
50 G ROHRZUCKER
1 BIO-ZITRONE (ODER -ORANGE)
1 PRISE ZIMT
4–6 SCHEIBEN ALTBACKENES WEISSBROT
2 EL BUTTER

Milch und Eier mit 1 Esslöffel Rohrzucker verquirlen. Die Zitrone heiß abwaschen und die Schale abreiben. Den Abrieb mit dem restlichen Rohrzucker und dem Zimt in einem tiefen Teller mischen. Die Brotscheiben in der Eiermischung wälzen. Die Butter in einer beschichteten Pfanne aufschäumen lassen und die Scheiben von beiden Seiten goldbraun darin ausbacken. Kurz in der Zuckermischung wälzen und mit der Vanillesauce servieren.

★ deluxe ★ Slow Food ★ Weihnachten

Zwetschen-Marzipan-Knödel

FÜR 4 PORTIONEN

500 G MEHLIGKOCHENDE KARTOFFELN
150 G MEHL (Z.B. SPÄTZLEMEHL)
125 G BUTTER
1 EL GRIESS
1 EI
1 PRISE SALZ
1 TASSE (100 G) SEMMELBRÖSEL
500 G REIFE ZWETSCHGEN
200 G MARZIPAN
1 EL ZUCKER UND 1 TL SALZ, FÜR DAS KOCHWASSER
1 TL PUDERZUCKER

Die Zutaten sollten alle zimmerwarm sein. Das ist bei der Butter und den Eiern besonders wichtig.

Die Kartoffeln in Salzwasser gar kochen, schälen und gut ausdampfen lassen. In einer Schüssel zerstampfen und mit Mehl, 40 g Butter, Grieß, Ei und Salz zu einem Teig verkneten. Die restliche Butter in einer Pfanne aufschäumen und die Brösel darin goldbraun anrösten. Die Zwetschgen waschen und entsteinen. Das Marzipan in kleine Würfel schneiden und die Zwetschgen mit je einem Würfel füllen.

Den Kartoffelteig zu einer dicken Rolle formen, Scheiben abschneiden und je eine gefüllte Zwetsche darauflegen. Mit feuchten Händen geschlossene Knödel formen, aus denen die Zwetschgen nicht herausschauen sollten.

Reichlich Wasser in einem großen Topf aufkochen, Salz und Zucker hineingeben. Die Knödel einlegen, Hitze reduzieren und die Knödel ziehen lassen. Wenn sie an der Oberfläche schwimmen und sich drehen, sind sie fertig. Mit einer Schaumkelle aus dem Wasser heben und in den gerösteten Bröseln wälzen. Mit Puderzucker bestäuben.

★ schnell ★ Energie

EIN WINTERLICHER HOCHGENUSS, DEN IHR AM BESTEN IN EINER GROSSEN, HEISSEN GUSSPFANNE AUF EINEM HOLZBRETT MIT EINEM FRUCHTIGEN APFEL-, BIRNEN- ODER SAUERKIRSCHKOMPOTT, MIT ZWETSCHGENRÖSTER, PREISELBEEREN ODER MIT EINEM CREMIGEN EIS SERVIERT.

FÜR 2 PERSONEN

KARAMELLISIERTER Polentaschmarrn

½ L MILCH 150 G POLENTA (MAISGRIESS) 2-3 EIER 2 EL BUTTER
2–4 EL GESTIFTELTE MANDELN 2–4 EL RUMROSINEN (SIEHE TIPP UNTEN)
ABRIEB VON ½ BIO-ZITRONE 3 EL ROHRZUCKER 1 PRISE SALZ
1–2 EL BUTTERSCHMALZ, ZUM BACKEN 1 EL PUDERZUCKER, ZUM BESTÄUBEN

Die Milch in einem Topf aufkochen und unter ständigem Rühren den Grieß einrieseln lassen. Die Hitze reduzieren und den Grieß etwa 5 Minuten quellen lassen, dabei weiterrühren. Etwas abkühlen lassen.

Die Eier trennen. Eigelbe, 1 Esslöffel Butter, Mandeln, Rosinen und Zitronenabrieb schnell mit einem Schneebesen in die Polentamasse rühren.

Die Eiweiße mit 1 Prise Salz in einer Schüssel steif schlagen, zum Schluss 1 Esslöffel Zucker unterschlagen. Das geht entweder mit etwas Handarbeit, mit einem Schneebesen oder mit einem elektrischen Handmixer. Den Eischnee vorsichtig unter die Polentamasse heben. Das Butterschmalz bei schwacher Hitze in einer Pfanne zerlassen. Die Polentamasse hineingeben und glatt sreichen. Wenn die untere Seite goldbraun ist, den Teig in Viertel teilen, dabei spielt es keine Rolle, wenn er oben noch leicht flüssig ist. Die Viertel wenden und auf der anderen Seite ebenfalls goldbraun backen.

Jetzt wird es ernst: Zerreißt die Viertel mit zwei Kochlöffeln in mundgerechte Stücke, gebt die restliche Butter und den übrigen Zucker dazu und lasst den Schmarrn bei mittlerer bis großer Hitze karamellisieren. Vor dem Anrichten mit etwas Puderzucker bestäuben.

Probiert unbedingt auch mal einen Apfel- oder Birnenschmarrn. Dabei einfach das in feine Scheiben geschnittene Obst in die Polentamasse geben.

TIPP

Rumrosinen kann man natürlich fertig kaufen. Oder einfach und schnell selbst machen, ohne sie lange einlegen zu müssen. Dazu 4 Esslöffel Rosinen mit 2 Esslöffeln Rum und 4 Esslöffeln Wasser aufkochen und kurz quellen lassen, fertig. Das schmeckt deutlich besser als die in der Regel recht harten Rosinen aus der Packung.

HEISSE GETRÄNKE

Holler
Punsch

HEISSE

GETRÄNKE

OB ZU HAUSE ANGESETZT ODER
IN DER HÜTTE ZUBEREITET, IM WINTER DARF ES WARM UND
GELEGENTLICH AUCH HOCHPROZENTIG SEIN.
WENN ES DRAUSSEN EISIG KALT IST, BRAUCHT IHR WOHLIGE WÄRME
VON INNEN HERAUS. NATÜRLICH EIGNEN SICH DIE HEISSEN GETRÄNKE
AUCH, UM – IN EINE THERMOSKANNE ABGEFÜLLT –
MIT EUCH AUF TOUR ZU GEHEN.

WILDERERTEE SEITE 246
HEISSE INGWERZITRONE SEITE 252
EIERPUNSCH SEITE 254
GLÜHWEIN ROTER RENNER SEITE 255
PUNSCH SEITE 256
HEISSE SCHOKOLADE SEITE 258
HEISSE ZIMTMILCH SEITE 260
SPICY LEBKUCHEN-LATTE SEITE 260

OFENANZÜNDER SELBER HERSTELLEN
SEITE 250

Wilderertee

Egal ob Wilderer oder Jäger, diese hochprozentige Heißgetränkmischung bringt alle wieder auf Trab! Der Sage nach haben sich früher Holzknechte und Jäger in den Tiroler Wäldern damit gestärkt. Seid ihr damit draußen auf Tour unterwegs, lasst den Schnaps lieber weg, der süße Tee wärmt und stärkt euch schon reichlich!

★ schnell ★ wärmt ★ Winterpicknick

KARAMELLISIERTER Wilderertee

FÜR

4 BECHER ODER 1 THERMOSKANNE

2 TASSEN (400 ML) FRISCH GEBRÜHTER SCHWARZTEE
1 TASSE (200 ML) ROTWEIN 1 TASSE (200 ML) ORANGENSAFT
(AM BESTEN FRISCH GEPRESST)
2 EL ROHRZUCKER 4 ORANGENSCHEIBEN 1 ZIMTSTANGE 2 NELKEN
OPTIONAL: 2 STAMPERL OBSTLER ODER RUM

Den Schwarztee separat aufbrühen und etwa 3 Minuten ziehen lassen. Die restlichen Zutaten in einem Topf erhitzen, zum Schluss den Tee und den Schnaps, falls verwendet, zugeben und die Gewürze wieder entfernen. Ihr könnt auch statt dem Rohrzucker Zuckerwürfel mit dem Schnaps tränken, auf einen Löffel legen und kurz anzünden, das mildert die Wirkung und verstärkt den Geschmack ...

ALKOHOLFREIE VARIANTE

Den Rotwein durch roten Traubensaft ersetzen und natürlich den Schnaps weglassen und stattdessen evtl. ein paar Tropfen Rumaroma zugeben.

Ofenanzünder

SELBER HERSTELLEN

AN DEN FENSTERN BILDEN SICH DIE EISKRISTALLE, DER KAMIN KNISTERT, UND MAN SITZT MIT EINER DAMPFENDEN HEISSEN SCHOKOLADE AN EINEM KALTEN WINTERABEND VOR DEM FEUER. DOCH BIS ES SOWEIT IST, MUSS DER OFEN ERST EINMAL ZUM BRENNEN GEBRACHT WERDEN. MIT DEN HANDGEMACHTEN KAMINANZÜNDERN IST DAS EIN KINDERSPIEL! MIT EINEM EIERKARTON, SÄGESPÄNEN UND ETWAS WACHS LASSEN SICH IM NU NATÜRLICHE FIRESTARTER SELBST MACHEN. DAZU BIETET DIE NATUR VIELE MATERIALIEN, DIE SICH HERVORRAGEND EIGNEN, UM EIN LODERNDES FEUER ZU ENTFACHEN. WICHTIG IST, DASS ALLE MATERIALIEN GUT DURCHGETROCKNET SIND. NATÜRLICH KÖNNT IHR DIESE RECYCLINGANZÜNDER AUCH FÜRS GRILLEN BENUTZEN.

FOLGENDE MATERIALIEN EIGNEN SICH BESONDERS GUT:

- Getrocknete, kleine Zapfen
- Trockener, feiner Reisig
- Sägespäne, Holzmehl
- Holzwolle oder Kartonagenstreifen (Verpackungsmaterial)

AUSSERDEM BENÖTIGT IHR:

- Alte Kerzenwachsreste (z.B. vom Adventskranz)
- Eierkartons oder leere Toilettenpapierrollen

Für die kleinen Kraftpakete aus Holz, Pappe und Wachs füllt ihr einfach den Eierkarton oder leere Toilettenrollen mit den trockenen Sägespänen, Reisig und setzt kleine Zapfen in die Mitte. Das Wachs langsam in einem alten Topf schmelzen und den mit den trockenen Materialien gefüllten Eierkarton oder die auf einen Karton gestellten Toilettenpapierrollen mit dem flüssigen Wachs aufgießen. Am besten über Nacht aushärten lassen. Die Kaminanzünder lassen sich dann ganz einfach in Portionen brechen oder schneiden und sind eine nachhaltige Alternative zu den Anzündern aus dem Supermarkt.

★ wärmt ★ Immunbooster ★ Winterpicknick

FÜR 4 BECHER ODER 1 THERMOSKANNE

Heiße Ingwerzitrone

EIN WAHRER IMMUNBOOSTER IST DIESES HERRLICH WÜRZIGE HEISSGETRÄNK. BEIM ERSTEN LEISEN ANFLUG EINER ERKÄLTUNG KÖNNT IHR DIESE OFT DURCH REICHLICHES TRINKEN DIESER INGWERZITRONE AUFHALTEN. DAS IM SCHWARZEN PFEFFER ENTHALTENE PIPERIN VERSTÄRKT DABEI DIE IMMUNKRÄFTIGENDE WIRKUNG DER KURKUMA UM EIN VIELFACHES, DER INGWER WIRKT ANTIBAKTERIELL. DER HONIG BERUHIGT DEN HALS UND WIRKT WOHLTUEND, UND DAS VITAMIN C DER ZITRONE STÄRKT EUER IMMUNSYSTEM ZUSÄTZLICH.

DAS ALLERWICHTIGSTE IST ABER:
ES SCHMECKT KÖSTLICH!

2 DAUMENGROSSE STÜCKE INGWER
750 ML WASSER
SAFT VON 1 BIO-ZITRONE
½ TL GEMAHLENE KURKUMA
1 PRISE ZIMT
1 PRISE SCHWARZER PFEFFER
1–2 EL HONIG

Den Ingwer schälen und auf der Küchenreibe raspeln oder in feine Stückchen schneiden. Zusammen mit dem Wasser in einen Topf geben, aufkochen und 10 Minuten leise köcheln lassen. Anschließend durch ein Sieb abgießen. Den Zitronensaft dazugeben und das Ingwerelixier nochmals kurz erwärmen, nicht mehr kochen! Die Gewürze hinzufügen und die Ingwerzitrone nach Belieben mit Honig süßen.

wärmt Weihnachten

WIR HABEN ZU HAUSE SELBST EIN PAAR GLÜCKLICHE HÜHNER UND SOMIT IMMER FRISCHE BIO-EIER. UM DIESE SINNVOLL ZU VERWERTEN, SETZT ANNE EINFACH EIN PAAR FLASCHEN EIERLIKÖR FÜR DEN WINTER AN. DENN GERADE MIT DEM SELBST GEMACHTEN EIERLIKÖR SCHMECKT DER PUNSCH BESONDERS LECKER. IHR LIEBT BOMBARDINO? DANN IST DAS REZEPT GENAU DAS RICHTIGE FÜR EUER NÄCHSTES APRÈS-SKI!

FÜR 4 BECHER

Eierpunsch

400 ML VOLLMILCH 1 ZIMTSTANGE 200 G SAHNE
200 ML EIERLIKÖR (REZEPT SEITE 42, ALTERNATIV GEKAUFTER EIERLIKÖR)
3 EL AMARETTO ODER RUM ETWAS ZIMTPULVER

Die Milch mit der Zimtstange aufkochen. Die Hälfte der Sahne mit dem Eierlikör und dem Amaretto oder Rum mischen und hinzugeben – nicht mehr kochen! Die Zimtstange entfernen und den Eierpunsch in Gläser füllen. Die restliche Sahne schlagen und auf die Gläser verteilen. Mit etwas Zimtpulver dekorieren.

★ schnell ★ wärmt ★ Winterpicknick

GLÜHWEIN IST EIN ECHTER WINTERKLASSIKER UND SCHMECKT VOR ALLEM SELBST ZUBEREITET RICHTIG GUT. GREIFT ZU EINEM TROCKENEN, KRÄFTIGEN WEIN – ER MUSS SICH SCHLIESSLICH IM ZUSAMMENSPIEL MIT DEN INTENSIVEN GEWÜRZEN GESCHMACKLICH BEHAUPTEN. LIEBLICHE, SÜSSE WEINE EIGNEN SICH WENIGER, DA SICH DIE ZUCKERMENGE SCHLECHT REGULIEREN LÄSST.

Glühwein Roter Renner

FÜR *4 BECHER ODER 1 THERMOSKANNE*

1 BIO-ORANGE
ABRIEB VON 1 BIO-ZITRONE
1 FLASCHE TROCKENER BIO-ROTWEIN (Z. B. SPÄTBURGUNDER)
2–3 EL ROHRZUCKER, ZUCKER, HONIG ODER AGAVENDICKSAFT
2 EL GLÜHWEINGEWÜRZ (SEITE 39)
OPTIONAL: ½ VANILLESCHOTE

Die Orange heiß waschen, in dünne Scheiben schneiden und zusammen mit Zitronenabrieb, Rotwein und Zucker, Honig oder Agavendicksaft in einen Topf geben. Das Glühweingewürz in ein Teeei geben und in den Topf hängen. Auf etwa 75 °C erhitzen, dann zugedeckt mindestens ½ Stunde ziehen lassen. Den Glühwein durch ein Sieb abgießen. Nach persönlichem Geschmack mit Vanille verfeinern und mit Zucker oder Honig nachsüßen. Vor dem Servieren den Glühwein noch einmal heiß machen.

TIPP

Zum Warmhalten füllt ihr den Glühwein am besten in eine heiß ausgespülte Thermoskanne. Und dann raus mit euch ans Lagerfeuer!

FÜR

JE 4 BECHER ODER 1 THERMOSKANNE

Punsch

Heißer Punsch gehört einfach zu einem klirrend kalten Winterabend. Kippt ihn in einen Thermosbecher und nehmt ihn mit nach draußen! Vor der Hütte an der Feuerschale wärmt er zusätzlich von innen.

★ schnell ★ wärmt ★ Immunbooster

HEISSER BLUTORANGEN-FRUCHTPUNSCH

6 BLUTORANGEN 1 LIMETTE 1 DAUMENGROSSES STÜCK INGWER
1 STERNANIS 1 STÄNGEL ZITRONENGRAS, HALBIERT 2 EL HONIG

Fünf Blutorangen sowie die Limette auspressen (ergibt 400–500 ml Saft) und in einen Topf geben. Den Ingwer schälen und klein würfeln und mit Sternanis und Zitronengras dazugeben und alles langsam erhitzen (nicht kochen lassen!). Den Honig unterrühren. Die übrige Blutorange halbieren und jeweils 2–3 Scheiben in Gläser geben. Mit Punsch auffüllen und sofort heiß servieren.

TIPP

Für die alkoholische Variante einfach pro Glas je 1 Stamperl (2 cl) Orangenlikör hinzufügen.

★ deluxe ★ wärmt ★ Weihnachten

HEISSER JOHANN – CASSISPUNSCH

400 ML SCHWARZER BIO-JOHANNISBEERSAFT 400 ML ROTWEIN
100–150 ML CASSISLIKÖR (SEITE 43), ALTERNATIV GEKAUFTER
2 STERNANIS 1–2 ZIMTSTANGEN 3–4 EL BRAUNER ROHRZUCKER 1 KARAMBOLE (STERNFRUCHT)

Johannisbeersaft, Rotwein, Cassislikör, Sternanis, Zimtstangen und Zucker in einem Topf mischen und langsam auf ca. 75 °C erhitzen. Zugedeckt 20 Minuten ziehen lassen.Die Karambole waschen und in Scheiben schneiden, auf Gläser verteilen und mit heißem Punsch übergießen.

★ wärmt ★ Immunbooster ★ Winterpicknick

HÖLLISCH HEISSER HOLLERPUNSCH

2 TASSEN (400 ML) HOLUNDERBEERENSAFT (KANN MAN IM SOMMER SELBST ENTSAFTEN UND EINKOCHEN)
1 TASSE (200 ML) TRAUBENSAFT SAFT VON 1 ZITRONE 1 TASSE (200 ML) FRISCH GEBRÜHTER ROTER FRÜCHTETEE
2 EL BRAUNER ZUCKER 1 ZIMTSTANGE 1 HANDVOLL GETROCKNETE KIRSCHEN
OPTIONAL: ETWAS RUM UND/ODER CHILI

Holunderbeerensaft und Traubensaft zusammen mit dem Zitronensaft erhitzen, nicht kochen! Den frisch gebrühten Tee dazugeben und mit dem Zucker süßen. Die Zimtstange und die getrockneten Kirschen hinzugeben und 5 Minuten ziehen lassen. Wer es besonders „heiß“ mag, gibt etwas Rum und 1 Prise gemahlene Chili dazu.

★ wärmt ★ deluxe ★ Winterpicknick

FÜR JE 4–5 BECHER

Heiße Schokolade

Schokolade macht vor allem eines: glücklich! Schon lange weiß man um die stimmungsaufhellende Wirkung der edlen Bohne, aber sie hat auch viele weitere positive Eigenschaften, hochwertige dunkle Schokolade beispielsweise senkt den Blutdruck. Damit ihr ein optimales Geschmacksergebnis erzielt und mit ruhigem Gewissen genießen könnt, lege ich euch beim Einkauf nur hochwertige Bio-Schokolade aus fairem Handel ans Herz.
Verwendet am besten gerade zylindrische Schnapsgläser oder solche, die sich nach unten verjüngen, dann ploppen die Lollis prima heraus.

NOUGAT-TRINKSCHOKOLADE MIT ORANGENFLAVOUR

100 G ZARTBITTERKUVERTÜRE (MINDEST. 70% KAKAOANTEIL)
50 G NUSS-NOUGAT-MASSE
ABRIEB VON ½ BIO-ORANGE

AUSSERDEM:
4–5 SCHNAPSGLÄSER
4–5 HOLZSTÄBCHEN ODER -LÖFFEL

Die Kuvertüre unter Rühren über einem Wasserbad bei schwacher Hitze schmelzen. Die Hälfte der Nuss-Nougat-Masse dazugeben und ebenfalls schmelzen. Die fein abgeriebene Orangenschale unterrühren. Die restliche Nuss-Nougat-Masse in kleine Würfel schneiden.

Die flüssige Schokolade auf die Schnapsgläser und die Nuss-Nougat-Würfel darauf verteilen. Wenn die Schokolade beginnt, leicht fest zu werden, jeweils ein Holzstäbchen oder einen Holzlöffel hineinstecken. Über Nacht im Kühlschrank fest werden lassen, dann aus den Schnapsgläsern lösen. Dazu die Gläser evtl. kurz in warmes Wasser tauchen.

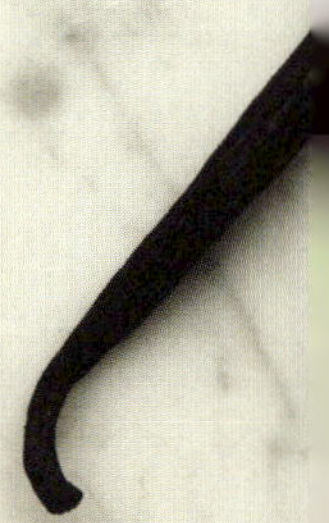

VOLLMILCH-TRINKSCHOKOLADE MIT KARAMELL

150 G VOLLMILCHKUVERTÜRE 1 PRISE ZIMT 1 PRISE GEMAHLENER KARDAMON 4 KARAMELLBONBONS (SEITE 130), KLEIN GEHACKT

AUSSERDEM:
4–5 SCHNAPSGLÄSER 4–5 HOLZSTÄBCHEN ODER -LÖFFEL

Die Kuvertüre unter Rühren über einem Wasserbad bei schwacher Hitze schmelzen. Die Gewürze hinzufügen. Die flüssige Schokolade auf die Schnapsgläser verteilen und mit den Karamellbonbonstückchen verzieren. Wenn die Schokolade beginnt, leicht fest zu werden, jeweils ein Holzstäbchen oder einen Holzlöffel hineinstecken. Über Nacht im Kühlschrank fest werden lassen, dann aus den Schnapsgläsern lösen. Dazu die Gläser evtl. kurz in warmes Wasser tauchen.

WEISSE TRINKSCHOKOLADE MIT KURKUMA

150 G WEISSE KUVERTÜRE 1 PRISE ZIMT 1 PRISE GEMAHLENER PIMENT 1 PRISE KURKUMA MARK VON ½ VANILLESCHOTE

AUSSERDEM:
4–5 SCHNAPSGLÄSER 4–5 HOLZSTÄBCHEN ODER -LÖFFEL

Die Kuvertüre unter Rühren über einem Wasserbad bei schwacher Hitze schmelzen. Die Gewürze und das Vanillemark unterrühren. Die flüssige Schokolade auf die 4-5 Gläschen verteilen. Wenn die Schokolade beginnt, leicht fest zu werden, jeweils ein Holzstäbchen oder einen Holzlöffel in die Masse stecken. Über Nacht im Kühlschrank fest werden lassen, dann aus den Schnapsgläsern lösen. Dazu die Gläser evtl. kurz in warmes Wasser tauchen.

ZUM TRINKEN: Pro Portion 1 Tasse Milch aufkochen. Je 1 Schokololli in einen Becher stellen und mit der heißen Milch übergießen. Etwa 2 Minuten warten, bis die Schokolade komplett geschmolzen ist und mit dem Stäbchen oder Löffel umrühren. Das funktioniert natürlich auch prima unterwegs. Einfach die heiße Milch in die Thermoskanne füllen und die Schoko-Lollis, in Papier gewickelt, in den Rucksack stecken. Ich mag die Lollis gelegentlich auch gerne ohne Milch und lutsche sie dann einfach.

FÜR JE 2 BECHER

DIE KÖSTLICHE UND AROMATISCHE HEISSE MILCH HABE ICH ZUM ERSTEN MAL BEI EINEM TAUCHTRIP IN ÄGYPTEN GETRUNKEN. DORT WIRD SIE SAHLEB GENANNT UND GERNE IN STRASSENCAFÉS SERVIERT. DIE ÄGYPTER GEBEN OFT EINEN SPRITZER ROSENWASSER ODER ORANGENÖL DAZU, ICH FINDE ABER, DAS SCHMECKT SEHR PARFÜMIERT UND VERZICHTE DESHALB DARAUF. MIT IHREM ZIMTIGEN GESCHMACK UND DER WOHLIGEN WÄRME, DIE SIE VERSTRÖMT, PASST DIE SAHLEB AUCH WUNDERBAR IN UNSERE WINTERZEIT.

★ schnell ★ wärmt

Heiße Zimtmilch

1 GEH. TL MAISSTÄRKE 2 TASSEN MILCH
2 TL ROHRZUCKER (NACH BELIEBEN AUCH ETWAS MEHR ODER WENIGER)
1 PRISE ZIMT 2 TL FEIN GEHACKTE, UNGESALZENE PISTAZIEN

Die Stärke mit etwas Milch in einer Tasse glatt rühren. Die restliche Milch zusammen mit dem Zucker (alternativ geht auch Honig) in einem kleinen Topf erhitzen und kurz aufkochen lassen. Die Stärke einrühren und bei mittlerer Hitze unter Rühren leise köcheln lassen, bis die Milch angedickt ist. Die Milch in Tassen geben und mit 1 Prise Zimt und gehackten Pistazien garnieren.

★ wärmt ★ deluxe ★ Weihnachten

Spicy Lebkuchen-Latte

2 TASSEN (400 ML) MILCH
LEBKUCHENGEWÜRZ:
1 PRISE ZIMT 1 PRISE GEMAHLENER INGWER
1 KARDAMOMKAPSEL 2 NELKEN
1 PRISE PIMENT (ALTERNATIV ½ TL FERTIGES LEBKUCHENGEWÜRZ FÜR 2 TASSEN)
2 TL HONIG 2 ESPRESSOTASSEN HEISSER ESPRESSO ODER STARKER KAFFEE
100 G SAHNE, GESCHLAGEN GEMAHLENER ZIMT
2 EL GERASPELTE ZARTBITTERSCHOKOLADE

Die Milch mit den Gewürzen und dem Honig in einem kleinen Topf erhitzen (Kardamon und Nelken nach dem Erhitzen wieder entfernen). Den Espresso in eine Tasse oder ein Glas geben und mit der Gewürzmilch aufgießen. Die geschlagene Sahne löffelweise daraufgeben und mit 1 Prise Zimt und Schokoraspeln garnieren.

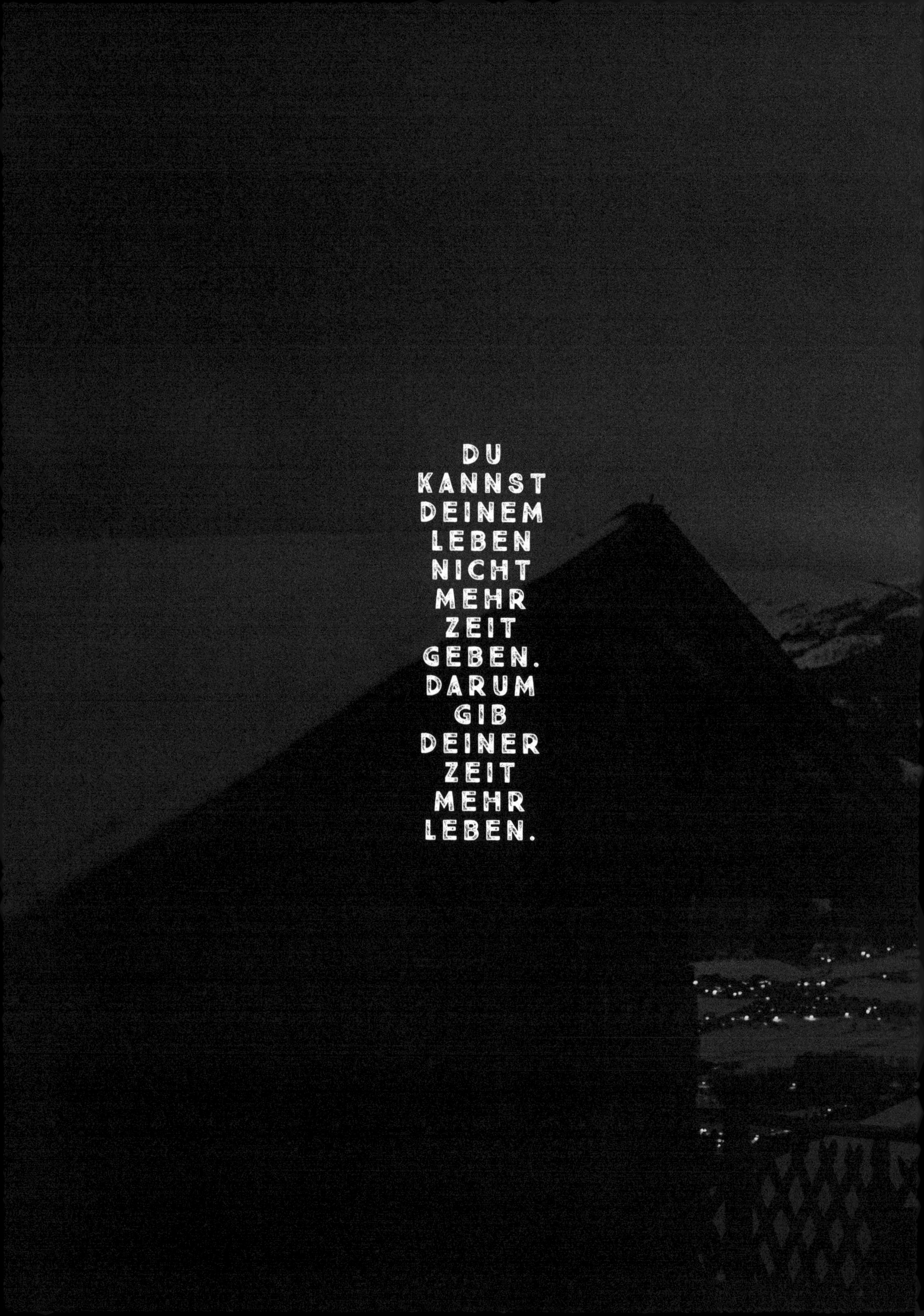
DU
KANNST
DEINEM
LEBEN
NICHT
MEHR
ZEIT
GEBEN.
DARUM
GIB
DEINER
ZEIT
MEHR
LEBEN.

SPECIAL THANKS:

Ein weiteres Jahr ist nun vergangen und ich freue mich, mein zweites Buch mit euch auf die Reise zu schicken. Diesmal hat es uns in entlegene Ecken der Berge, in wunderbare Länder und magische Winterlandschaften verschlagen. Tapfer hat mich meine **FOTOCREW** durch die tief verschneiten Wälder des Kaukasus in Georgien, ans nördliche Ende Europas, auf die Lofoten in Norwegen, und in die verschneite Tiroler Berglandschaft begleitet.

Wir danken unserem langjährigen Kooperationspartner **MALOJA** für die enge und persönliche Zusammenarbeit und die tatkräftige Unterstützung.

Ein großes Dankeschön auch an **TINA** und **ANGELA**. Danke für eure Unterstützung und dafür, dass ihr nie den Überblick verloren habt.

ANNE SÄMMER für jeden gemeinsamen Moment und für die vielen, die noch kommen werden. Das nächste Abenteuer wartet schon. Danke für die Betreuung unserer Kooperationspartner und Deine Marketingarbeit.

ANTJE und **RIKE** vom **WILDHOOD-STORE** (www.wildhoodstore.de), **ORTOVOX** (www.ortovox.de) und der **THERMOS** (www.thermos.de) für die Ausstattung mit innovativen und wunderschönen Requisiten für unsere Shootings. Meinen Buddys **DIGGER** und **AKKI** von der **WHITEHEARTS SKICREW** (www.whitehearts.de) für die unvergessliche Zeit mit euch tief im georgischen Kaukasus. Viel en Dank für die Actionfotos von den Seiten 6–7, 58–59, 76–77, 168–169, 186–187, 195, 234–235 an **DIRK WAGENER** (aka Digger).

Unseren Models, Freunden und fleißigen Helfern:
JACOBA KRIECHMAYR, **KATHI** und **PAUL** von den **VANNOMADEN**, **DAV DIESSEN**, **ANNE**, **VERA**, **BIANCA** und **MICHI** sowie unserer **NORDICWALKING-SKICREW**.

WWW.THE-GREAT-OUTDOORS.DE

THEGREATOUTDOORSBOOK

THEGREATOUTDOORSBOOK

ZUTATENREGISTER

Apfel
Apfelkücherl in Weißbierteig 237
Apfelstrudel 226
Gewürzporridge 50
Hausgemachtes Blaukraut 29
Lauwarmer Rote-Bete-Salat 159
Matjesfilet 151
Apfel Original Schweizer Birchermüsli 53
Rösti 75
Salat mit Blaukraut 166
Wintersmoothie Scharfer Hirsch 71
Apfelmus
Hausgemachtes Blaukraut 29
Apfelsaft
Bratapfelsirup 39
Aprikosen, getrocknet
Fruchtschnitten 118
Avocado
Gebackene Avocado-Eier 56
Kaspressknödel 210
Banane
Gebackene Bananenrolle 54
Wintersmoothie Alter Schwede 71
Basilikum
Kräuter-Flädle 106
Bier
Apfelkücherl in Weißbierteig 237
Brotsuppe mit Bier 98
Winter-Schweinebraten 183
Birne
Fruchtiges Fitnessporridge 50
Wintersmoothie Nikolausmütze 71
Wintersmoothie Scharfer Hirsch 71
Blaubeere
Blaubeer-Pancakes 75
Wintersmoothie Alter Schwede 71
Blaukraut
Hausgemachtes Blaukraut 29
Salat mit Blaukraut 166
Bohnen, grüne
Tiroler Gröstl 194
One-Pot-Pasta mit Huhn 152
Cashewkerne
Cashewcreme 21
Wintertrail-Mix Bärige Beeren 113
Chicorée Südtiroler Knödelsalat 161
Wintersalat 141
Feldsalat mit Speckdressing 142
Chilischote
Rote Currypaste 23
Gnocchi mit Kürbis 146
Karotten-Ingwer-Suppe 82
Kürbiscremesuppe 88
Pot-au-feu mit Huhn 84
Süßkartoffelsuppe mit Chili 92
Tajine mit Salzzitrone 162
Dattel
Cashewcreme 21
Fruchtschnitten 118
Gewürzporridge 50
Karottenkuchen-Bällchen 114
Dill
Matjesfilet 151
One-Pot-Tagliatelle 156
Erbsen
Frische Erbsensuppe 91
Gerstengraupen-Eintopf 102
Erdnuss
Erdnussbutter 21
Essiggurke
Matjesfilet 151
Wildburger 177
Feige
Feigensenf 30
Fruchtiges Fitnessporridge 50
Wintertrail-Mix Herbststurm 113
Feldsalat
Feldsalat mit Speckdressing 142
Wintersalat 141
Wintersmoothie Scharfer Hirsch 71
Fenchel
Pot-au-feu mit Huhn 84
Salat mit Blaukraut 166
Winterliches Ofengemüse 138
Süßkartoffel-Frittata mit Grünkohl 56
Feta
Salat mit Blaukraut 166
Süßkartoffel-Frittata mit Grünkohl 56
Fisch
Gebratenes Fischfilet 145
Matjes selbst einlegen 26
Matjesfilet 151
Garnelen
Garnelenpaste 23
Gemüsebrühe
Brotsuppe mit Bier 98
Deftiges Gulasch 187
Frische Erbsensuppe 91
Frittatensuppe 100
Gebratenes Fischfilet 145
Gerstengraupen-Eintopf 102
Graupenrisotto 148
Karotten-Ingwer-Suppe 82
Kürbiscremesuppe 88
Meerrettichsuppe 83
One-Pot-Tagliatelle 156
Pasta mit Wildragout 198
Pot-au-feu mit Huhn 84
Stückiger Kartoffeleintopf 87
Stückiger Kartoffeleintopf 87
Süßkartoffelsuppe mit Chili 92
Tafelspitz mit Wurzelgemüse 193
Gerstengraupen
Gerstengraupen-Eintopf 102
Granatapfel
Fruchtiges Fitnessporridge 50
Grieß
Rote-Bete-Grießnockerl 105
Zwetschgen-Marzipan-Knödel 239
Grünkohl
Gerstengraupen-Eintopf 102
Süßkartoffel-Frittata mit Grünkohl 56
Haferflocken
Fruchtiges Fitnessporridge 50
Gewürzporridge 50
Original Schweizer Birchermüsli 53
Hafermilch
Fruchtiges Fitnessporridge 50
Gewürzporridge 50
Hähnchen
Grillhendl mit winterlichen Gewürzen 196
Pot-au-feu mit Huhn 84
Wärmendes Wintercurry 170
Haselnuss
Dukkah 22
Elisenlebkuchen 33
Haselnusssirup 39
Original Schweizer Birchermüsli 53
Wintertrail-Mix Tiefschneetraum 113
Hefe
Fladenbrot 67
Gelbe Burgerbuns 176
Kalt gegangene Semmeln 68
Knuspriges Bauernbrot 60
Pain Paillasse 69
Rohrnudeln 225
Stollenbällchen 35
Holunderbeersaft
Höllisch Heißer Hollerpunsch 257
Honig
Erdnussbutter 21
Gewürzporridge 50
Heiße Ingwerzitrone 252
Heißer Blutorangen-Fruchtpunsch 257
Karamellbonbons 130
Karamellisierte Maroni 123
Karotten-Ingwer-Suppe 82
Karottenkuchen-Bällchen 114
Knuspriges Bauernbrot 60
Original Schweizer Birchermüsli 60
Rösti 75
Spicy Lebkuchen-Latte 260
Wintersmoothie Schnupfenkiller 71
Huhn
One-Pot-Pasta mit Huhn 152
Ingwer
Cassislikör 39
Heiße Ingwerzitrone 252
Heißer Blutorangen-Fruchtpunsch 257
Ingwer-Orangen-Sirup 39
Karotten-Ingwer-Suppe 82
Karottenkuchen-Bällchen 114
Kürbiscremesuppe 88
Rösti 75
Spekulatius-Cookies 36
Spicy Lebkuchen-Latte 260

Wintersmoothie Nikolausmütze 71
Wintersmoothie Schnupfenkiller 71
Joghurt
Frische Erbsensuppe 91
Matjesfilet 151
Rösti 75
Wintersmoothie Alter Schwede 71
Johannisbeer
Cassislikör 43
Cassispunsch 257
Kalbsbrät
Frittatensuppe 100
Maultaschen 212
Karotte
Deftiges Gulasch 187
Gebratenes Fischfilet 145
Pasta mit Wildragout 198
Winter-Schweinebraten 183
Wintersmoothie Schnupfenkiller 71
Gerstengraupen-Eintopf 102
Karotten-Ingwer-Suppe 82
Rinderbrühe 188
Tafelspitz mit Wurzelgemüse 193
Wärmendes Wintercurry 170
Winterliches Ofengemüse 138
Kartoffel
Gerstengraupen-Eintopf 102
Gnocchi mit Kürbis 146
Gnocchi mit Kürbis 146
Hüttenpfanne 72
Kartoffel-Sellerie-Püree 204
Kartoffelkrapferl 211
Matjesfilet 151
Meerrettichsuppe 83
Pizzoccheri 201
Pot-au-feu mit Huhn 84
Rösti 75
Schupfnudeln mit Sauerkraut 208
Stückiger Kartoffeleintopf 87
Tafelspitz mit Wurzelgemüse 193
Tajine mit Salzzitrone 162
Tiroler Gröstl 194
Wedges 197
Winterliches Ofengemüse 138
Zwetschgen-Marzipan-Knödel 239
Käse
Bergkäse-Crouûons 105
Brezen-Auflauf 216
Kaspressknödel 210
Pizzoccheri 201
Rösti 75
Spinat-Käse-Knödel 215
Spinatspätzle 202
Toast-Muffin 54
Wildburger 177
Kassler, geräuchert
Gerstengraupen-Eintopf 102
Knoblauch
Brotsuppe mit Bier 98
Cashewcreme 21
Deftiges Gulasch 187
Gebratenes Fischfilet 145
Gnocchi mit Kürbis 146
Graupenrisotto 148
Grillhendl mit winterlichen Gewürzen 196
Karotten-Ingwer-Suppe 82
Kürbiscremesuppe 88
Meerrettichsuppe 83
One-Pot-Pasta mit Huhn 152
One-Pot-Tagliatelle 156
Pasta mit Wildragout 198
Pizzoccheri 201
Pot-au-feu mit Huhn 84
Rinderbrühe 188
Rote Currypaste 23
Spinat-Käse-Knödel 215
Stückiger Kartoffeleintopf 87
Tajine mit Salzzitrone 162
Wärmendes Wintercurry 170
Winter-Schweinebraten 183
Winterliches Ofengemüse 138
Kokosmilch
Eierlikör 42
Karotten-Ingwer-Suppe 82
Süßkartoffelsuppe mit Chili 92
Wärmendes Wintercurry 170
Koriandergrün
Karotten-Ingwer-Suppe 82
Süßkartoffelsuppe mit Chili 92
Tajine mit Salzzitrone 162
Wärmendes Wintercurry 170
Kürbis
Gnocchi mit Kürbis 146
Kürbiscremesuppe 88
Wärmendes Wintercurry 170
Winterliches Ofengemüse 138
Kürbiskerne
Geröstete Kürbiskerne 107
Gnocchi mit Kürbis 146
Kürbiskernsuppe 88
Wintertrail-Mix Herbststurm 113
Kuvertüre
Elisenlebkuchen 33
Nougat-Trinkschokolade 258
Vollmilch-Trinkschokolade 259
Weiße Trinkschokolade 259
Lauch
Gerstengraupen-Eintopf 102
Maultaschen 212
Rinderbrühe 188
Stückiger Kartoffeleintopf 87
Tafelspitz mit Wurzelgemüse 193
Lauchzwiebel
Hüttenpfanne 72
One-Pot-Tagliatelle 156
Limette
Heißer Blutorangen-Fruchtpunsch 257
Rote Currypaste 23
Süßkartoffelsuppe mit Chili 92
Wärmendes Wintercurry 170
Linsen
Gebratenes Fischfilet 145
Mandel
Dukkah 22
Elisenlebkuchen 33
Fruchtschnitten 118
Gebrannte Mandeln 121
Karamellisierter Polentaschmarrn 240
Karottenkuchen-Bällchen 114
Salzmandel mit Chili 121
Spekulatius-Cookies 36
Stollenbällchen 35
Vanillekipferl 36
Wintertrail-Mix Bärige Beeren 113
Mandelmilch
Fruchtiges Fitnessporridge 50
Gewürzporridge 50
Maroni
Gegrillte Maroni 122
Glasierte Maroni 107
Karamellisierte Maroni 123
Marzipan
Zwetschgen-Marzipan-Knödel 239
Meerrettich
Meerrettichsuppe 83
Tafelspitz mit Wurzelgemüse 193
Milch
Arme Ritter mit Vanillesauce 238
Blaubeer-Pancakes 75
Brezen-Auflauf 216
Eierpunsch 254
Gebackene Bananenrolle 54
Gelbe Burgerbuns 176
Gewürzporridge 50
Heiße Zimtmilch 260
Kalt gegangene Semmeln 68
Karamellisierter Polentaschmarrn 240
Kartoffel-Sellerie-Püree 204
Kaspressknödel 210
Kaspressknödel 210
Kräuter-Flädle 106
Original Schweizer Birchermüsli 53
Palatschinken mit Preiselbeeren 229
Rohrnudeln 225
Semmelknödel 214
Spicy Lebkuchen-Latte 260
Stollenbällchen 35
Süßkartoffel-Frittata mit Grünkohl 56
Topfenpalatschinken 228
Minze
Frische Erbsensuppe 91
Nougat
Nougat-Trinkschokolade 258
Nudeln
One-Pot-Pasta mit Huhn 152
One-Pot-Tagliatelle 156
Orange

Glühwein Roter Renner 255
Glühweingewürz 39
Hausgemachtes Blaukraut 29
Ingwer-Orangen-Sirup 39
Nougat-Trinkschokolade 258
Salat mit Blaukraut 166
Winter-Schweinebraten 183
Wintersalat 141
Wintersmoothie Schnupfenkiller 71
Zwetschgenlikör 41
Orangeat
Elisenlebkuchen 33
Stollenbällchen 35
Topfenpalatschinken, gratiniert 228
Orangensaft
Karamellisierter Wilderertee 248
Wintersalat 141
Paprika
Pot-au-feu mit Huhn 84
Tajine mit Salzzitrone 162
Parmesan
Gnocchi mit Kürbis 146
Gnocchi mit Kürbis 146
Graupenrisotto 148
Maultaschen 212
One-Pot-Pasta mit Huhn 152
Pizzoccheri 201
Südtiroler Knödelsalat 161
Pastinake
Meerrettichsuppe 83
Pekannuss
Fruchtiges Fitnessporridge 50
Wintertrail-Mix Herbststurm 113
Mini-Schokobrownies 114
Petersilie
Brezen-Auflauf 216
Brotsuppe mit Bier 98
Deftiges Gulasch 187
Frische Erbsensuppe 91
Frittatensuppe 100
Gebratenes Fischfilet 145
Gerstengraupen-Eintopf 102
Gnocchi mit Kürbis 146
Graupenrisotto 148
Hüttenpfanne 72
Karotten-Ingwer-Suppe 82
Kaspressknödel 210
Kräuter-Flädle 106
Kürbiscremesuppe 88
Maultaschen 212
One-Pot-Pasta mit Huhn 152
Pasta mit Wildragout 198
Pot-au-feu mit Huhn 84
Rinderbrühe 188
Stückiger Kartoffeleintopf 87
Tiroler Gröstl 194
Pilze
Getrocknete Waldpilze 18
Graupenrisotto 148
Pinienkerne
Süßkartoffel-Frittata mit Grünkohl 56
Pistazienkerne
Heiße Zimtmilch 260
Wintertrail-Mix Herbststurm 113
Polenta
Karamellisierter Polentaschmarrn 240
Preiselbeere
Palatschinken mit Preiselbeeren 229
Pasta mit Wildragout 198
Rehmedaillons 204
Wildburger 177
Wintersmoothie Alter Schwede 71
Quark
Kartoffelkrapferl 211
Topfenknödel 222
Topfenpalatschinken 228
Radicchio
Wintersalat 141
Südtiroler Knödelsalat 161
Räucherlachs
One-Pot-Tagliatelle 156
Rösti 75
Toast-Muffin 54
Reis
Wärmendes Wintercurry 170
Ricotta
Gnocchi mit Kürbis 146
Rind
Deftiges Gulasch 187
Rinderbrühe 188
Tafelspitz mit Wurzelgemüse 193
Tiroler Gröstl 194
Rosinen
Apfelstrudel 226
Fruchtschnitten 118
Gewürzporridge 50
Karamellisierter Polentaschmarrn 240
Original Schweizer Birchermüsli 53
Zucchini-Chutney 30
Rote Bete
Lauwarmer Rote-Bete-Salat 159
Rote-Bete-Grießnockerl 105
Rote-Bete-Knödel 215
Winterliches Ofengemüse 138
Wintersmoothie Nikolausmütze 71
Rotwein
Cassispunsch 257
Hausgemachtes Blaukraut 29
Karamellisierter Wilderertee 248
Pasta mit Wildragout 198
Rehmedaillons 204
Rucola
Südtiroler Knödelsalat 161
Rum
Cassislikör 43
Eierlikör 42
Eierpunsch 254
Höllisch Heißer Hollerpunsch 257
Karamellisierter Polentaschmarrn 240
Karamellisierter Wilderertee 248
Topfenpalatschinken 228
Zwetschgenlikör 41
Sahne
Apfelstrudel 226
Brotsuppe mit Bier 98
Eierpunsch 254
Gnocchi mit Kürbis 146
Karamellbonbons 130
Kürbiscremesuppe 88
Matjesfilet 151
Maultaschen 212
Meerrettichsuppe 83
Rahmwirsing 194
Rote-Bete-Grießnockerl 105
Spicy Lebkuchen-Latte 260
Tafelspitz mit Wurzelgemüse 193
Wintersmoothie Nikolausmütze 71
Sauerkraut
Schupfnudeln mit Sauerkraut 208
Szegediner Gulasch 195
Sauerrahm
Blaubeer-Pancakes 75
Kaspressknödel 210
Lauwarmer Rote-Bete-Salat 159
Matjesfilet 151
One-Pot-Tagliatelle 156
Rösti 75
Stückiger Kartoffeleintopf 87
Süßkartoffelsuppe mit Chili 92
Szegediner Gulasch 195
Wintersmoothie Nikolausmütze 71
Schalotte
Gebratenes Fischfilet 145
Gnocchi mit Kürbis 146
Graupenrisotto 148
Pot-au-feu mit Huhn 84
Rahmwirsing 194
Stückiger Kartoffeleintopf 87
Tafelspitz mit Wurzelgemüse 193
Winterliches Ofengemüse 138
Schinken
Maultaschen 212
Toast-Muffin 54
Schnittlauch
Brotsuppe mit Bier 98
Feldsalat mit Speckdressing 142
Frittatensuppe 100
Gebackene Avocado-Eier 56
Hüttenpfanne 72
Kaspressknödel 210
Kaspressknödel 210
Kräuter-Flädle 106
One Pot Tagliatelle 156
Rösti 75
Schupfnudeln mit Sauerkraut 208
Südtiroler Knödelsalat 161
Tafelspitz mit Wurzelgemüse 193
Tiroler Gröstl 194
Toast-Muffin 54
Schokolade

Spekulatius-Cookies 36
Spicy Lebkuchen-Latte 260
Schwarztee
Karamellisierter Wilderertee 248
Schwein
Winter-Schweinebraten 183
Sellerie, Stangen-
Gebratenes Fischfilet 145
Pasta mit Wildragout 198
Rinderbrühe 188
Selleriewurzel
Kartoffel-Sellerie-Püree 204
Meerrettichsuppe 83
Tafelspitz mit Wurzelgemüse 193
Winter-Schweinebraten 183
Senf
Feldsalat mit Speckdressing 142
Südtiroler Knödelsalat 161
Winter-Schweinebraten 183
Sojasauce
One-Pot-Pasta mit Huhn 152
Wärmendes Wintercurry 170
Speck
Feldsalat mit Speckdressing 142
Hüttenpfanne 72
Speckknödel 215
Toast-Muffin 54
Wildburger 177
Spinat
One-Pot-Tagliatelle 156
Spinat-Käse-Knödel 215
Spinatspätzle 202
Sternfrucht
Cassispunsch 257
Süßkartoffel
Rösti 75
Süßkartoffel-Frittata mit Grünkohl 56
Süßkartoffel-Wedges 177
Süßkartoffelsuppe mit Chili 92
Wärmendes Wintercurry 170
Winterliches Ofengemüse 138
Thai-Chili
Rote Curry-Paste 23
Tomate
Brotsuppe mit Bier 98
Gebackene Avocado-Eier 56
Hüttenpfanne 72
One-Pot-Pasta mit Huhn 152
Pasta mit Wildragout 198
Pot-au-feu mit Huhn 84
Tajine mit Salzzitrone 162
Wildburger 177
Tonkabohne
Eierlikör 42
Traubensaft
Höllisch Heißer Hollerpunsch 257
Vanilleschote
Arme Ritter mit Vanillesauce 238
Cassislikör 43
Eierlikör 42
Karamellbonbons 130
Mini-Schokobrownies 114
Topfenknödel 222
Topfenpalatschinken, gratiniert 228
Vollmilch-Trinkschokolade 259
Vanillezucker
Blaubeer-Pancakes 75
Gebrannte Mandeln 121
Spekulatius-Cookies 36
Stollenbällchen 35
Vanillekipferl 36
Vanillezucker selbst gemacht 43
Waldpilze
Getrocknete Waldpilze 18
Graupenrisotto 148
Walnuss
Apfelstrudel 226
Brezen-Auflauf 216
Dukkah 22
Gewürzporridge 50
Kalt gegangene Semmeln 68
Karottenkuchen-Bällchen 114
Lauwarmer Rote-Bete-Salat 159
Mini-Schokobrownies 114
Rösti 75
Rote-Bete-Grießnockerl 105
Salat mit Blaukraut 166
Spinatspätzle 202
Vanillekipferl 36
Wintersalat 141
Wintersmoothie Nikolausmütze 71
Wintertrail-Mix Herbststurm 113
Weißwein
Gnocchi mit Kürbis 146
Graupenrisotto 148
Kürbiscremesuppe 88
Meerrettichsuppe 83
Pot-au-feu mit Huhn 84
Wild
Pasta mit Wildragout 198
Rehmedaillons 204
Wildburger 177
Wirsingkohl
Pizzoccheri 201
Rahmwirsing 194
Würste, Wiener
Frische Erbsensuppe 91
Ziegenfrischkäse
Salat mit Blaukraut 166
Zitronat
Elisenlebkuchen 33
Stollenbällchen 35
Zitrone
Apfelstrudel 226
Arme Ritter mit Vanillesauce 238
Feigensenf 30
Frische Erbsensuppe 91
Gebackene Avocado-Eier 56
Gebratenes Fischfilet 145
Graupenrisotto 148
Hausgemachtes Blaukraut 29
Heiße Ingwerzitrone 252
Heißer Blutorangen-Fruchtpunsch 256
Höllisch Heißer Hollerpunsch 257
Kaspressknödel 210
Marokkanische Salzzitronen 25
Matjesfilet 151
One-Pot-Pasta mit Huhn 152
One-Pot-Tagliatelle 156
Pasta mit Wildragout 198
Rohrnudeln 225
Tajine mit Salzzitrone 162
Topfenknödel 222
Wintersmoothie Schnupfenkiller 71
Zitronengras
Heißer Blutorangen-Fruchtpunsch 257
Rote Currypaste 23
Zucchini
Pot-au-feu mit Huhn 84
Toast-Muffin 54
Zucchini-Chutney 30
Zwetschgen
Selbst angesetzterLikör 41
Zwetschgen-Marzipan-Knödel 239
Zwiebel
Brezen-Auflauf 216
Brotsuppe mit Bier 98
Feldsalat mit Speckdressing 142
Frische Erbsensuppe 91
Gebratenes Fischfilet 145
Gerstengraupen-Eintopf 102
Graupenrisotto 148
Hausgemachtes Blaukraut 29
Hüttenpfanne 72
Karotten-Ingwer-Suppe 82
Kaspressknödel 210
Kürbiscremesuppe 88
Matjes selbst einlegen 26
Matjesfilet 151
Maultaschen 212
Meerrettichsuppe 83
One-Pot-Pasta mit Huhn 152
One-Pot-Tagliatelle 156
Pasta mit Wildragout 198
Rahmwirsing 194
Rinderbrühe 188
Rösti 75
Rote Currypaste 23
Schupfnudeln mit Sauerkraut 208
Schupfnudeln mit Sauerkraut 208
Semmelknödel 214
Spinatspätzle 202
Süßkartoffel-Frittata mit Grünkohl 56
Süßkartoffelsuppe mit Chili 92
Tajine mit Salzzitrone 162
Tiroler Gröstl 194
Wärmendes Wintercurry 170
Wildburger 177
Winter-Schweinebraten 183
Winterliches Ofengemüse 138
Zucchini-Chutney 30

REZEPTREGISTER

Apfelkücherl mit Weißbierteig 237
Apfelstrudel mit karamellisierten Walnüssen 226
Arme Ritter mit Vanillesauce 238
Avocado-Eier, gebackene 56
Balsamicolinsen 145
Bananenrolle, gebackene 54
Bärige Beeren, Winterrtail-Mix 113
Bauernbrot, knuspriges 60
Bergkäse-Croûtons 105
Birchermüsli, Original Schweizer 53
Blaubeer-Pancake 75
Blutorangen-Fruchtpunsch, heißer 257
Blaukraut, hausgemachtes 26
Bratapfelsirup 39
Brezen-Auflauf mit Walnüssen 216
Brotgewürz 60
Brotsuppe mit Bier 98
Burgerbuns, gelbe 176
Cashewcreme 21
Cassislikör 43
Currypaste, rote 23
Deftiges Gulasch 187
Dukkah 22
Eierlikör 42
Eierpunsch 254
Elisenlebkuchen 33
Energiebällchen 115
Erbsensuppe, frische, mit Ei und Wurst 91
Erdnussbutter 21
Feigensenf 30
Feldsalat mit Speckdressing 142
Fischfilet, gebratenes, mit Balsamicolinsen 145
Fladenbrot mit Sesam und Gewürzkümmel 67
Frische Erbsensuppe mit Ei und Wurst 91
Frittatensuppe 100
Frittatensuppe mit Kalbsbrät 100
Fruchtiges Fitnessporridge mit Granatapfel und Feigen 50
Fruchtschnitten 118
Gebackene Avocado-Eier 56
Gebackene Bananenrolle 54
Gebrannte Mandeln 121
Gebratenes Fischfilet mit Balsamicolinsen 145
Gegrillte Maroni 122
Gelbe Burgerbuns 176
Geröstete Kürbiskerne 107
Gerstengraupen-Eintopf 102
Getrocknete Wildpilze 18
Gewürzmischung, Winter-, 196
Gewürzporridge mit Datteln und Winterapfel 50
Glasierte Maroni 107
Glühwein Roter Renner 255
Glühweingewürz 39
Gnocchi mit Kürbis und Kurkumasauce 146
Gratinierte Topfenpalatschinken 228
Graupenrisotto mit getrockneten Waldpilzen 148
Gremolata 198
Grillhendl mit winterlichen Gewürzen 196
Gröstl, Tiroler, mit Sudfleisch und Bohnen 194
Gulasch, deftiges 187
Haselnusssirup 39
Haugemachtes Blaukraut 29
Heiße Ingwerzitrone 252
Heiße Schokolade 258-259
Heiße Zimtmilch 260
Heißer Blutorangen-Fruchtpunsch 257
Heißer Johann-Cassispunsch 257
Herbststurm, Wintertrail-Mix 113
Hollerpunsch, höllisch heißer 257
Höllisch heißer Hollerpunsch 257
Hüttenpfanne mit Speck 72
Hüttenpfanne, vegetarisch 72
Ingwer-Orangen-Sirup 39
Ingwerzitrone, heiße 252
Johann-Cassispunsch, heißer 257
Kalt gegangene Semmeln 68
Karamellbonbons 130
Karamellisierte Maroni 123
Karamellisierter Polentaschmarrn 240
Karamellisierter Wilderertee 248
Karotten-Ingwer-Suppe mit Honig 82
Karottenkuchen-Bällchen 114
Kartoffel-Wedges 197
Kartoffelkrapferl, Zillertaler 211
Kartoffelsuppe, stückige 87
Kaspressknödel mit Sauerkraut 208
Knödel 214-215
Knödelsalat, Südtiroler 161
Knuspriges Bauernbrot 60
Kräuter-Flädle 106
Kürbiscremesuppe 88
Kürbiskerne, geröstete 107
Kurkumasauce 147
Langschläferfrühstück 74-75
Lauwarmer Rote-Bete-Salat mit Walnüssen 159
Lebkuchen-Latte, spicy 260
Likör, selbst angesetzter 41
Mandeln, gebrannte 121
Marokkanische Salzzitronen 25

Maroni, gegrillte 122
Maroni, glasiert 107
Maroni, karamellisierte 123
Matjes selbst einlegen 26
Matjesfilet „Hüttenfrauenart“ mit Pellkartoffeln 151
Maultaschen 212
Maultaschen, überbacken 213
Meerrettichsuppe 83
Mini-Schokoladenbrownies 114
Nikolausmütze, Wintersmoothie mit Rote Bete und Sahnehäubchen 71
Nougat-Trinkschokolade mit Orangenflavour 258
Nüsse, Wintersalat 141
Ofengemüse, winterliches, mit Roter Bete 138
One-Pot-Pasta mit Huhn 152
One-Pot-Pasta Tagliatelle mit Räucherlachs 156
Original Schweizer Birchermüsli 53
Pain Paillasse 69
Palatschinken mit Preiselbeeren 229
Pasta mit Wildragout 198
Pizzocheri 201
Polentaschmarrn, karamellisierter 240
Porridge 49
Pot-au-feu mit Huhn 84
Punsch 256-257
Rehmedaillons 204-207
Rinderbrühe 188
Rohrnudeln 224
Rösti mit Räucherlachs 75
Rote Currypaste 23
Rote-Bete-Grießnockerl mit gerösteten Walnüssen 105
Rote-Bete-Knödel 215
Rote-Bete-Salat, lauwarmer, mit Walnüssen 159
Salat mit Rotkraut, Fenchel und Blutorange 166
Salzmandeln mit Chili 121
Salzzitrone, Tajine mit 162-165
Salzzitronen, marokkanische 25
Scharfer Hirsch, Wintersmoothie mit Apfel-Birne und Feldsalat 71
Schinken, Toast-Muffins mit 54
Schnupfenkiller, Wintersmoothie mit heißer Orange, Karotte und Ingwer 71
Schokolade, heiße 258-259
Schokoladenbrownies, Mini- 114
Schupfnudeln mit Sauerkraut 208
Schweinebraten, Winter-, mit Dunkelbiersauce 183-185
Semmelknödel 214
Semmeln, kalt gegangene 68
Sirup, Bratapfel- 39
Sirup, Haselnuss 39
Sirup, Ingwer-Orangen- 39
Speckknödel 215
Spekulatius-Cookies (Backmischung) 36
Spicy Lebkuchen-Latte 260
Spinat-Käse-Knödel 215
Spinatspätzle mit Röstzwiebeln 202
Sportlerfrühstück 54-56
Stollenbällchen (Backmischung) 35
Stückige Kartoffelsuppe 87
Südtiroler Knödelsalat 161
Suppeneinlagen 104
Süßkartoffel-Frittata mit Grünkohl 56
Süßkartoffel-Wedges 177
Süßkartoffelsuppe mit Chili 92
Tafelspitz 188
Tafelspitz mit Wurzelgemüse 193
Tajine mit Salzzitrone 162-165
Tiefschneetraum, Wintertrail-Mix 113
Tiroler Gröstl mit Sudfleisch und Bohnen 194
Tiroler Gröstl, vegetarisch 194
Toast-Muffins mit Schinken 54
Topfenknödel 222
Topfenpalatschinken, gratinierte 228
Toppings 104
Trinkschokolade, Nougat- mit Orangenflavour 258
Trinkschokolade, Vollmilch- mit Karamell 259
Trinkschokolade, Weiße mit Kurkuma 259
Vanillekipferl (Backmischung) 36
Vanillesauce 238
Vollmilch-Trinkschokolade mit Karamell 259
Wärmendes Wintercurry mit gelbem Reis 170
Weiße Trinkschokolade mit Kurkuma 259
Wildburger mit Süßkartoffel-Wedges 177
Wilderertee, karamellisierter 248
Wildpilze, getrocknete 18
Wildragout 198
Winter-Gewürzmischung 196
Winter-Schweinebraten mit Dunkelbiersauce 183-185
Wintercurry, wärmendes, mit gelbem Reis 170
Wintergewürzmischung für Braten 183-185
Winterliches Ofengemüse mit Roter Bete 138
Wintersalat mit Orangen und Nüssen 141
Wintertrail-Mix 112
Zillertaler Kartoffelkrapferl 211
Zimtmilch, heiße 260
Zucchini-Chutney 30
Zwetschgen-Marzipan-Knödel 239
Zwetschgenlikör 41

DK | Penguin Random House

© Dorling Kindersley Verlag GmbH, München,
Neuausgabe 2020
Ein Unternehmen der Penguin Random
House Group

Die Originalausgabe wurde 2017 bei
Neuer Umschau Buchverlag veröffentlicht.

Rezepte und Texte Markus Sämmer,
www.the-great-outdoors.de, @thegreatoutdoorsbook
Fotografie Lifestyle, Outdoor, Sport
Steffen Schulte Lippern, www.studio-steve.de
Fotografie Ski/Action Dirk Wagener,
www.whitehearts.de (S. 6–7, 58–59, 76–77,
168–169, 186–187, 195, 234–235)
Fotografie Food Julia Hildebrand & Ingolf Hatz,
www.augustundjuli.de
Foodstyling Julia Hildebrand, Birgit Schoenau
Styling, Set-Design Markus Sämmer, Anne Sämmer
Layout und Illustration Katharina Lanz,
www.vannomaden.de
Gestaltung und Satz Tina Defaux

Für den DK Verlag:
Programmleitung Monika Schlitzer
Redaktionsleitung und Projektbetreuung Anne Heinel
Herstellungsleitung Dorothee Whittaker
Herstellungskoordination Claudia Rode
Herstellung Sabine Hüttenkofer

ISBN 978-3-8310-3893-0

Druck und Bindung Livonia, Lettland

FSC MIX Papier aus verantwortungsvollen Quellen FSC® C002795

www.dk-verlag.de